UN LUGAR LLAMADO

CIELO

DR. GARY L. WOOD

ISBN 0-9839186-1-9

ISBN13 978-0-9839186-1-5

Library of Congress Control Number: 2011942894

Printed in the United States of America

RevMedia Publishing
PO BOX 5172
Kingwood, TX 77325

A ministry division of Revelation Ministries

www.revministries.com
www.revmedianetwork.com
www.revmediapublishing.com
www.revmediatv.com

APOLOGÍA

Dr. Gary,

Gracias por su amistad y por ser un padre en la fe. Usted y su familia son un tesoro para nosotros. Yo creo que ante usted se encuentran sus mejores días.
El Pastor Jesse DiMartino, Sarasota, Florida.

Gary,

En un momento en que nuestras vidas estaban totalmente abiertas a una señal que Dios nos enviara desde el Cielo, tú fuiste enviado.
Con amor,
Los Pastores Jack y Dee Cashman, York, Pennsylvania

Fue en el año 1977 que conocí a Gary y a su preciosa familia en una reunión de La Fraternidad de Hombres de Negocios Espíritu Santo (*Business Men's Holy Spirit*). Sus enseñanzas y determinación me impresionaron. Después de la reunión, yo te pedí a ti, Gary, que dieras un Estudio Bíblico en nuestra casa. Tú dijiste: "Bueno, a lo mejor una vez", y esa única vez ha durando casi veinte años. Tu familia se convirtió en nuestra familia. Tú te convertiste en nuestro hijo espiritual juntamente con tu familia. Nuestro amor por ustedes es entrañable
Mama Faerl y el Sr. Scooter, Houston, Texas

3

Gary y Deena,

Desde que los conocimos hace cinco años, ustedes han sido una gran bendición para nosotros. Ciertamente podemos decir que ustedes son dos de nuestros más entrañables amigos. Siempre han estado ahí para alentarnos y sin duda alguna nos han hecho reír muchísimo.
Con amor,
Los Pastores Simon y Mary Whatley, Alvin, Texas

Querido Hermano Gary,

Yo supe de usted y lo aprecié por veinticinco años antes de realmente conocerlo en persona. Mi hermano John Greiner me dio un casete con su testimonio el cual rápidamente desgasté como en el transcurso de dos años. A través de los años les he contado la historia de usted a tantas personas y usted ha sido una bendición para un sin número de personas a las que usted ni conoce. Usted las verá en el Cielo. Mientras tanto, yo seré bendecido por esta confraternidad con usted juntamente con su dulce esposa Deena y su hija Angel.
Los queremos a los dos,
Bob y Sylvia Greiner, San Antonio, Texas

Querido Gary,

Gracias por ser un gran hermano y un gran discípulo de Cristo. Desde que yo tenía seis años, todo lo que puedo recordar es que siempre quisiste ser un predicador. Cuando jugábamos en el patio y en la cochera en Dallas, Texas, mientras los otros niños jugaban a la escuelita nosotros jugábamos a la iglesita. Tú eras el pastor y yo tocaba el piano. Gracias por haberte mantenido fiel a tu sueño y a Cristo.
Gracias por toda tu ayuda, todo tu apoyo y tus oraciones.
Amor y Bendiciones,
Sue Patterson, Clovis, New Mexico

Querido Amigo Gary,

Se me hace muy difícil expresar con palabras lo mucho que significan para nosotros tu amistad y confraternidad. Tú nos has dado ánimos en algunos de esos días oscuros, y has bendecido a nuestra congregación con tu ministerio que es generoso y lleno de amor. Tú has hecho que el Cielo sea más real en nuestros corazones. Nosotros le estaremos eternamente agradecidos a Dios por haber permitido que nuestros caminos se hayan cruzado con el tuyo y con el de tu preciosa familia. Simplemente con estar juntos el gozo fluye como si fuera un río. Juntos hemos vivido algunas experiencias asombrosas.
Simplemente ¡Una celebración continua! En resumidas cuentas ¡todo esto se trata de Él!
Tus seguros servidores para esta causa,
Los Pastores Al y Ruthjoy Capozzi,
Bloomsburg, Pennsylvania

A quien corresponda,

Me siento muy complacido por esta oportunidad de poder recomendar el ministerio ungido del Dr. Gary Wood. Conozco a Gary desde hace más de veinte años, y su carácter e integridad son impecables. Junto a su esposa Deena y a su hija Angel, él ha peleado al frente de las vicisitudes de la vida en el área de su salud y ha salido victorioso. Es muy estimulante ver a un ministro que vive lo que predica.

Yo invito a Gary a mi iglesia con regularidad y su predicación siempre es confirmada con la recuperación de la salud, los milagros y la salvación. Su increíble testimonio y su abundante sentido del humor parecen atraer a las personas casi de manera instantánea. Antes de que ellas se den cuentan ya están incursionando profundamente en la palabra de Dios, vinculándose en gran manera a las simples pero poderosas verdades al servicio de las que se encuentra humilde hombre. El Espíritu Santo fluye a través de él y él no tiene temor de interrumpir su mensaje para predicar lo que el Espíritu le está diciendo. La gente siempre sale fortalecida y enfervorizada en su fe.

Con entusiasmo, y sin reservas, yo recomiendo al Dr. Gary Wood a otros Pastores. A través de la unción y el ejemplo, sin importar qué venga, él lleva a otros a confiar en Dios.
Sinceramente,
Dr. John Greiner, Pastor.
Glorious Way Church, Houston, Texas

Estimado Hermano Wood,

Su ministerio fue una enorme bendición para King's Cathedral. Muchísimas gracias por invertir en nuestras Catedrales en Maui y Oahu. Yo confío en que el Señor continuará utilizándolo poderosamente este año.

Sinceramente,

Rev. Brian Reynolds, Pastor Administrativocc.

Dr. James Marocco, Pastor Con Antigüedad

Kahului, Maui, Hawaii

DEDICACIÓN

En Memoria De:
Padres Adoptivos
Jessie James Wood
Mary Ruby Wood

Padres Biológicos
Nelson y Joyce Dobbins
(Todos los padres están en el cielo)

A mi esposa, Deena, quien ha estado
a mi lado fielmente.

A mis hijos, Angel y David

A los padres de mi esposa,
El Sr. Ken Kennedy y Esposa

PREFACIO

¿Cómo puedo yo proyectar mi testimonio en unas pocas palabras? Mi repentina muerte en un accidente automovilístico a la edad de dieciocho años me transportó a un lugar llamado Cielo. Mi mejor amigo, quien había muerto en un trágico accidente, fue el elegido para mostrarme el Cielo. En ese preciso momento en el que yo estaba comenzando a hacer un ajuste permanente, mi amigo puso gentilmente su mano sobre mi hombro y me dijo: "Gary, tú tienes que regresar. Ella está usando ese nombre, Jesús".

Mi hermana menor había estado conmigo en ese accidente automovilístico y yo supe instintivamente que ella me estaba llamando para que yo regresara usando ese nombre. Mis pensamientos fueron confirmados. Luego de mi recorrido celestial, las cosas no lucían muy bien para mí en el reino natural. Yo necesitaba cirugía plástica con suma urgencia, y mis dientes se iban a convertir en estrellas; saldrían por la noche. Me quedé sin cuerdas vocales. Imagínese la cara de sorpresa de la enfermera cuando ella me saludó, y yo le contesté. Tengo una radiografía que muestra que no tengo cuerdas vocales, y aun así puedo hablar y cantar.

Haciendo uso de estas palabras, resumo, un lugar llamado Cielo: Hay un Cielo que ganarse y un Infierno del cual huir. El Juicio se trata simplemente de lo que hayamos hecho con Jesús en esta vida. Esta es la última batalla. Nos encontramos en la última cruzada. Lo que no se ve es más real que lo que sí se ve.

Ajústese el cinturón de seguridad y viaje conmigo a *Un lugar llamado Cielo*.

Dr. Gary Wood, Doctor en Teología
Grace Theological Seminary
(Seminario Teológico Grace)

Querido Gary,

Gracias por ser un gran hermano y un gran discípulo de Cristo. Desde que yo tenía seis años, todo lo que puedo recordar es que siempre quisiste ser un predicador. Cuando jugábamos en el patio y en la cochera en Dallas, Texas, mientras los otros niños jugaban a la escuelita nosotros jugábamos a la iglesita. Tú eras el pastor y yo tocaba el piano. Gracias por haberte mantenido fiel a tu sueño y a Cristo.

Gracias por toda tu ayuda, todo tu apoyo y tus oraciones.

Amor y Bendiciones,

Sue Patterson

Gerald Davis Overflowing Cup Ministries
Teaching Seminars Overseas
Evangelism
Special Engagements
P.O.Box 1286
New Caney, Texas 77357

Por más de diecinueve años Gary Wood ha sido un amigo. En muchas oportunidades lo he observado como pastor y como ministro ambulante. Yo he dado sermones en lugar de Gary ocasiones en las que él renunciaba a su cheque para asegurarse que yo había quedado bien cubierto. Él demuestra una integridad inusual, y por supuesto, una unción muy efectiva. Cualquier pastor se sentiría honrado de tener a Gary Wood como ministro invitado en su iglesia.
Sinceramente,
Dr. Gerald Davis
Overflowing Cup Ministries International, Inc.

Centerburg Church of God
4697 Columbus Rd., P.O.Box 295,
Centerburg, OH 43011
(740) 625-6500

A Todos Aquellos Que Oirán Este Mensaje;

En las Pascuas de este año, nuestra iglesia tuvo el privilegio de comenzar un Reavivamiento con el Rev. Gary Wood y familia. El que un pastor le permita a otro tomar su lugar en el púlpito en Pascuas, el día más grande para impactar a su comunidad, requiere de una verdadera confianza en el otro ministro. Para muchos el Reavivamiento fue una experiencia que les cambiaria la vida. Puedo decir que el Rev. Gary Wood es un hombre íntegro. Su ministerio fortalecerá la fe que usted tiene en el Cielo. En uno de los servicios él oró por las espaldas de las personas, de una manera inusual... ¡He recibido numerosos reportes de la sanación recibida en ese servicio! Al Rev. Gary Wood también se le pidió que llevara a cabo el servicio religioso en nuestro Desayuno Anual de Resurrección de Hombres, al cual asisten diez iglesias más, y en ese desayuno ¡casi treinta hombres le entregaron sus vidas a Jesucristo!

Tenemos un médico que asiste a nuestra iglesia. Él leyó la radiografía que el Rev. Gary Wood traía con él del accidente que él tuvo. Él se asombró de que Gary estuviera vivo, debido a la fractura de vértebra...una de las cuales causa la muerte segura. He llegado a la conclusión de que la vida del Rev. Gary Wood después de experimentar la muerte, es una de las más "bíblicas" en detalle.

Definitivamente, con convicción, yo lo recomiendo. Si usted quisiera ponerse en contacto conmigo, por favor siéntase libre en llamarme.
Al Servicio de Dios,
Pastor Jonathan Mitchell

15

Es un privilegio para mí el poder presentarle a usted a Gary, Deena y Angel Wood.

Gary tiene un testimonio grandioso. Hace muchos años él tuvo un terrible accidente automovilístico. Sufrió una lesión en el medio de su cara con lesiones a nivel de la laringe, lo que significa que sus cuerdas vocales y la laringe estaban completamente destrozadas. Los doctores no le daban ninguna esperanza de que algún día pudiera volver a hablar.

Dios tocó a Gary, y Él lo sanó, y ahora, no solamente él predica la palabra de Dios, sino que también canta. Ángel, su hija, es de igual manera un testimonio de la gracia y misericordia de Dios. Yo sé que ellos bendecirán su corazón.

Dr. Paul Osteen, Lakewood Church
Houston, Texas

PRÓLOGO

Mi esposo Roger y yo hemos sido amigos de Gary y Deena por veinte años. Jesús ha sido el punto focal de sus vidas. Consistentemente, ellos nos han apoyado como amigos y siempre nos han demostrado el amor de nuestro Padre.
Georgeanne Dweitt- Autora
New Covenant Praise Church
Houston, Texas

Hermano Gary y Hermana Deena,
Nos sentimos verdaderamente bendecidos por tenerlos como amigos. Ustedes tienen nuestro respeto y admiración en este maravilloso peregrinar con el Señor. La fidelidad de ustedes en Cristo ha sido una bendición enriquecedora para nosotros, y los honramos a ustedes y a todo lo que ustedes representan. Hay que ser alguien muy especial para trabajar tan arduamente como trabajan ustedes por el Reino de Dios. Gracias por ser un ejemplo tan grande para todos nosotros en este ministerio.
Los Pastores Simon y Mary Wharley
Gleaner Full Gospel Church
Alvin. Texas

UN COMENTARIO DEL AUTOR

Debido a que creo que cada experiencia es una en un millón, a menos que ellas estén alineadas con la palabra de Dios, le voy a pedir que se ponga en reverencia y que haga una oración pidiéndole a Dios que le hable a su corazón para confirmar las verdades de mi historia. Cuando uno lee acerca de las vivencias o testimonio de alguna persona, uno siempre debe de examinarlo con las Santas Escrituras. Yo he sido fiel en escribir y plasmar todo lo que el Señor me ha mostrado y todo lo que Él me ha dicho. Usted debería de leer este libro acompañando su lectura con la Biblia. (Muchos de los textos bíblicos son tomados de la Santa Biblia Nueva Versión Internacional © 1999 por la Sociedad Bíblica Internacional y de la Versión Reina Valera 1960) Que Jesús utilice este libro para darle a Él toda la gloria.

Estimado Lector,

Usted está a punto de presenciar, a través de este libro, un milagro viviente, un milagro que respira. La primera vez que escuche el asombroso testimonio del Dr. Gary Wood fue hace más de veinticinco años, cuando como un joven creyente asistía a una junta de *"Full Gospel Businessmen"* (La Fraternidad Internacional De Hombres De Negocios Del Evangelio Completo [FIHNEC]). Su relato acerca del Cielo y las maravillas de resurrección y restauración relacionadas a este, dejaron una huella imborrable en mi vida. Cuando sea que he tocado el casete de este mensaje para que lo escucharan familiares y amigos, muchos de ellos obtuvieron la salvación y de una manera u otra todos ellos fueron cambiados. Aun hoy en día este reporte que se encuentra en mi biblioteca galardonado por el tiempo con honor y gloria me maravilla y me emociona en estos tiempos tanto como lo hacia en aquel entonces.

Durante todos estos años que han pasado me he sentido honrado de ser el pastor del Dr. Gary Wood. Más allá del testimonio de él, yo le puedo decir usted que él vive una vida de santidad e integridad. Verdaderamente él porta consigo ese toque celestial a todos los lugares a los cuales lo manda Dios. Permita que las palabras de este libro cambien su vida de la manera en que ellas han cambiado la mía.
Sinceramente,
Dr. John W. Greiner, Pastor
Glorious Way Church

UN LUGAR LLAMADO CIELO

Este libro se trata de un lugar llamado cielo, un lugar que hasta el día de hoy añoro, un lugar que yo no quería dejar. El Señor tenía un plan diferente. Él me envió para que regresara a contarles a todos acerca de las gloriosas maravillas que les esperan a los hijos de Dios. El estar en el cielo fue la experiencia más impresionante de mi vida, y quiero compartir con usted esta increíble historia. También quiero compartirle una de las situaciones más difíciles con la que alguna vez me haya enfrentado y esa fue el día en que mi madre biológica me llamó para decirme que mi medio hermano menor, David, había sido asesinado en una redada de drogas, y ella quería que yo predicara en su funeral. La mayoría de los predicadores tienen cosas lindas que decir acerca de la persona fallecida, pero con respecto a David no me venía a la mente ninguna cosa deferente acerca de él que yo pudiera mencionar.

David era miembro de una pandilla de motociclistas, "Ángeles del Infierno" (*Hell's Angels*). Él no solamente abusaba de sí mismo por medio del consumo de drogas y alcohol, sino que abusaba de quien se le cruzara en su camino. El día que lo mataron, él le había dado una golpiza a nuestra madre al punto que le fracturó su pierna. Mi hermano no era una persona agradable. La redada de drogas terminó en disparos, y cuando finalmente el humo se disipó, la policía encontró su cuerpo sin vida en el piso, no por una herida de bala, sino por una sobredosis de drogas. Yo amaba a mi hermano; a pesar de eso yo creía que él se había ido al infierno.

Nunca es fácil perder a un ser querido, pero si uno sabe que ese ser querido le ha pedido a Jesús que entre a su corazón, uno puede sentir el consuelo de saber que ellos están en el cielo con

Jesús. Contrario a esto, mi aflicción era insoportable por la incertidumbre, la realidad que yo sabía que David había decidido vivir su vida apartado de Jesús, y que no había duda de la existencia de un infierno eterno. Muchas personas manejan la pérdida de un ser querido que no fue salvo descartando la existencia del infierno y todo lo que éste conlleva. Yo he escuchado a la gente decir: "Yo no creo en un Dios que mandaría a las personas al infierno". ¡Yo tampoco lo creo! Dios no manda a la gente al infierno. Uno se manda solo. Usted vivirá por la eternidad. Ese es un hecho. La decisión es de usted, antes de usted dejar esta tierra, solo usted podrá optar si pasará esa vida eterna en el cielo o en el infierno. En la Biblia Jesús nos advierte acerca del infierno 244 veces. Si usted estuviera manejando por un camino y viera 244 señales de advertencia diciéndole que la calle está cerrada más adelante ¿Continuaría usted manejando en la misma dirección? Por supuesto que no, pero quizá usted está viviendo su vida, ignorando las señales de advertencia. Quizá usted está pensando, *Nunca he abusado de drogas, nunca he golpeado a mi madre, ni he matado a nadie. Ese es el tipo de gente que va al infierno. Yo soy un muchacho bueno (o muchacha buena) comparado a esa gente. Yo he completado mi ficha de membresía en la iglesia, he sido bautizado por inmersión o por aspersión por un sacerdote.*

Bueno, amigo, estoy aquí para decirle que usted puede ser bautizado por inmersión hasta que se conozca a cada pez por su nombre, o firmar su nombre en cada membresía eclesiástica en el estado, y no tendrá más efecto que jalarle la cola a un asno o el poner su nombre en la puerta de un granero, a menos que usted haya aceptado a Jesucristo en su vida como su salvador personal. Tenga en cuenta que no existe un *alma durmiente* o un *purgatorio* adonde usted se la *pasará* hasta que encuentre su camino al cielo. Yo sé que hay gente que cree que uno no tiene que ser salvo para ir al cielo. Algunos hasta dicen haber estado en el cielo, y que ellos vieron que el cielo espera a todos, no importa como hayan vivido sus vidas y que no necesitamos a Jesús para llegar allí. Pero eso no es lo que Jesús dice. Jesús dijo: "De veras te aseguro que quien no nazca de nuevo no puede ver el reino de Dios". (Juan 3:3). Esta experiencia de volver a nacer es el proceso de transición para pasarse uno del reino de las tinieblas al Reino de Luz. Es cambiar de los caminos pecaminosos a los caminos de Dios. Se nos habla acerca de esto en la carta a los Romanos, "No se amolden al mundo actual, sino sean transformados mediante la renovación de su mente. Así podrán comprobar cuál es la voluntad de Dios, buena, agradable y perfecta". (Romanos 12:2). En Efesios la Biblia dice: "Así que les digo esto y les insto en el Señor: no vivan más con pensamientos frívolos como los paganos". (Efesios 4:17).

He llegado a reconocer que el pensamiento más profundo que alguna vez puede ocupar la mente de una persona es el Cielo y como llegar a allí, y la verdad más simple que alguna vez usted pueda entender es que Jesús lo ama. Él pondrá sus pecados atrás, tan lejos como se encuentra el Este del Oeste, y lo que es más emocionante es que Él promete que nunca nos abandonará ni desamparará. Él nos da el poder del Espíritu Santo para vencer al enemigo y nos ofrece una morada eterna en *Un Lugar Llamado Cielo* y… ¡Yo he estado allí!

Nací el 1 de marzo, 1949 en Dallas, Texas. Gary Lynn Dobbins fue el nombre que se me dieron al nacer. Tanto mi madre como mi padre eran alcohólicos y abusaban de mí y de mi pequeña hermana Sue. El Señor Jesús tiene su mano en nuestras vidas. Mientras que todavía éramos demasiado pequeños e indefensos, mis padres decidieron que la vida de ellos sería más simple sin la carga de tener que criarnos a Sue y a mí, así que ellos nos dejaron en los escalones del porche de la casa de mis abuelos maternos. El apellido de ellos era Wood. Mis abuelos nos mostraron el tipo de amor que Cristo tiene para nosotros al adoptarnos como hijos. Jesús dice: "No los voy a dejar huérfanos, volveré a ustedes". (Juan 14:18). Dios nunca lo abandona. Usted puede alejarse de Él, usted puede darle la espalda, pero Él no va a alejarse y abandonarlo. Yo busqué el significado de la palabra *adopción* y encontré que significa ser ubicado en una familia como un hijo, con todos los derechos y privilegios de aquel que lleva el apellido del padre. Me siento identificado con el apóstol Pablo cuando el dice: "Y ustedes no recibieron un espíritu que de nuevo los esclavice al miedo, sino el Espíritu que los adopta como hijos y les permite clamar: "¡Abba! ¡Padre!" (Romanos 8:15). Abba Padre es una frase de uso muy íntimo en el idioma griego la cual significa Papacito, Papacito o Papá, Papá.

Nuestra familia asistía regularmente a la iglesia *Hillcrest Baptist Church*. Fue allí que por primera vez yo escuché: "Porque tanto amó Dios al mundo, que dio a su Hijo unigénito, para que todo el que cree en él, no se pierda, sino que tenga vida eterna". (Juan 3:16). Recuerdo cuando respondí al mensaje mientras mi pastor estaba predicando y caminando por los pasillos entre los bancos y recibí a Jesucristo como mi salvador personal. Fue en ese momento en que fui adoptado en la familia de Dios. "Mas a cuantos lo recibieron, a los que creen en su nombre, les dio el derecho de ser hijos de Dios". (Juan 1:12) Todo lo que ellos necesitaban hacer era confiar en Él para ser salvos. ¿Lo puede usted ver? una vez que le haya pedido a Jesús que entre a su corazón usted es instantáneamente adoptado en la familia de Dios, con todos los derechos y privilegios de un hijo.

"En amor nos predestinó para ser adoptados como hijos suyos por medio de Jesucristo, según el buen propósito de su voluntad". (Efesios 1:5).

En un viaje reciente a la Tierra Santa, aprendí que un hijo natural nacido Judío puede ser excomulgado y perder su herencia, pero un hijo adoptivo nunca pierde su herencia. Es lo mismo con nuestro Padre Celestial. Una vez que usted ha sido adoptado en la familia de Dios, su nombre es escrito en el *Libro de la Vida del Cordero*, para no ser borrado jamás. Estoy tan agradecido por un Padre Celestial que nunca nos abandonará (2 Corintios 4:9)

Debido a razones económicas, mi familia se mudó de Dallas, Texas a Farmington, Nuevo México. Fue allí adonde conocí a un muchacho de nombre John quien llegó a ser mi mejor amigo y quien jugó un papel muy importante en mi vida.

A una edad muy temprana comencé a sentir el llamado de Dios en mi vida. Yo solía *jugar* a la iglesita. Las sillas del comedor para mí eran los bancos de la iglesia, mi pequeña hermana, Sue, y John se paraban y cantaban himnos tales como "La Cruz de Jesús" y después yo daba el sermón. Yo marchaba con firmeza por doquier, golpeteaba mi pulpito, que era una mesita para comer frente al televisor, imitando lo hacían los predicadores a los que yo escuchaba los domingos predicar del infierno de fuego y azufre.

A medida que entraba a la edad en que comenzaría a asistir a los grados de la escuela secundaria el sentimiento de que Dios tenía un llamado para mi vida comenzó a ahondarse.

El Señor me bendijo inmensamente con la habilidad de cantar sus alabanzas, y por tres años de seguido yo gané el premio de *Solista Excepcional* en el estado de Nuevo México, en una competencia a la cual asistieron competidores de todo el estado. Fue durante mi último año de preparatoria que fui sacudido por la devastadora noticia de que John había muerto en un accidente automovilístico. Sufrí terriblemente por la muerte de mi amigo. Por meses las visiones del accidente acechaban mis sueños.

En 1966, yo cursaba el primer año en *Wayland Baptist College*. La estaba pasando en mi casa por la temporada Navideña. Sue y yo le habíamos pedido prestado el coche a mi abuelo y estábamos de regreso de haber visitado a algunas amistades. Nos encontrábamos a solo una milla de distancia de la casa y "Noche de paz, Noche de Amor" llenaban el ambiente mientras que cantábamos, cuando de repente, los cánticos de gozo se convirtieron en un grito de terror.

Me volteé para ver lo que pasaba. Hubo una explosión, luego un dolor punzante e instantáneo que me recorrió la cara como fuego. Apareció una luz brillante que me envolvió, y recuerdo que me liberó del dolor. Me salí de mi cuerpo como si me despojara de mis ropas. Ahora me encontraba por encima del coche; era como si le hubieran quitado la parte superior al coche. Podía ver mi cuerpo podía escuchar a Sue llorar. Mi vida pasó frente a mis ojos. Yo había oído que eso es lo que ocurre, nunca le había dado tanta importancia. Pero claro, yo tenía solamente dieciocho años y no había pensado mucho acerca de mi muerte. Ciertamente nunca pensé que moriría tan joven. Allí me encontraba yo mirando a mi cuerpo que estaba allá abajo, viendo mi vida como si estuviera volviendo a pasar. Todo, en tan solo un instante, pasó como un flash ante mí. No tenía miedo, y no había ni tristeza ni confusión. Verdaderamente yo creí que nunca regresaría de esta experiencia. Me encontraba en esta nube que tenía la forma de un embudo serpenteante que se hacia más y más ancha y brillante. A medida que comenzaba a ascender por el túnel de luz, me recorrió una sensación de una tan plácida paz, una ola de gloria tras otra. Al final de este túnel brillante estaba un pasadizo. Yo podía ver que a lo largo del pasadizo había una luz muy brillante que a la misma vez no enceguecía. Yo avanzaba pero era como cuando uno avanza sobre las aceras móviles en un aeropuerto. Podía escuchar a los ángeles cantar a mi alrededor: "Digno es el Cordero inmolado de recibir el poder, la riqueza, la sabiduría, la fuerza y el honor. A él la gloria y el imperio por los siglos de los siglos". ¡Ay que glorioso! ¡Usted nunca habrá escuchado algo tan bello y maravilloso hasta que haya escuchado a los ángeles cantar! Esos coros angelicales reverberaban en las fibras más íntimas de mi alma. Todavía se me pone la piel de gallina cuando pienso en cuan increíblemente bellos eran los cánticos que escuché a los ángeles cantar. Espero ansioso ese día descrito en el libro de Apocalipsis cuando millones de ángeles e incontables millones de redimidos estarán parados frente al trono del Dios Todo Poderoso, y al unísono cantaran cánticos de alabanza y adoración a nuestro Señor Jesús.

"Después de esto miré, y he aquí una gran multitud, la cual nadie podía contar, de todas naciones y tribus y pueblos y lenguas, que estaban delante del trono y en la presencia del Cordero, vestidos de ropas blancas, y con palmas en las manos; y clamaban a gran voz, diciendo: La salvación pertenece a nuestro Dios que está sentado en el trono, y al Cordero. Y todos los ángeles estaban en pie alrededor del trono, y de los ancianos y de los cuatro seres vivientes; y se postraron sobre sus rostros delante del trono, y adoraron a Dios, diciendo: Amén. La bendición y la gloria y la sabiduría y la acción de gracias y la honra y el poder y la fortaleza, sean a nuestro Dios por los siglos de los siglos. Amén". (Apocalipsis 7:9-12)

Vi como las nubes se abrían ampliamente. Y luego comencé a caminar sobre una alfombra de un verde y frondoso césped que cubría la ladera. Al ver por donde caminaba me di cuenta que césped pasaba por entre mis pies y no quedaba ninguna huella en los lugares por los que acaba de pasar. Desde la colina vi la parte exterior de una ciudad magnificente. Alrededor de la ciudad había una muralla maravillosa construida con jades. Los nombres de los doce apóstoles estaban inscriptos en los cimientos. En la muralla había doce portones de perlas y arriba de cada portón se encontraban grabados los nombres de las doce tribus de Israel. La Biblia nos da las dimensiones de esa ciudad las cuales son 1,500 millas de largo, 1,500 millas de ancho, y 1,500 millas de alto. ¿Se imagina usted la magnitud y las dimensiones de este *Lugar Llamado Cielo?* Con espacio suficiente para albergar a 100,000,000,000 personas. Esto significa más personas de las que alguna vez hayan vivido al mismo tiempo en el planeta tierra. Jesús dijo: "En la casa de mi padre hay muchas mansiones".

Frente a mí había un bello portón hecho de perla sólida que estaba adornado con zafiros, rubís y diamantes y muchas otras gemas preciosas. Fue la obra maestra de mayor excelencia que jamás haya yo visto. La muralla era tan alta que no podía ver la parte superior. Parecía no tener fin. Un ángel gigante sostenía una espada mientras hacia guardia en el portón. Él tenía por lo menos unos cuarenta pies de alto. Sus cabellos eran de un entretejido dorado. Rayos resplandecientes de una luz suave fluían de este ser magnificente. Otro ángel pasó por el portón y estaba revisando las hojas de un libro que él cargaba. Luego él dirigiéndose al ángel gigante asintió con su cabeza afirmando que yo podía entrar a la ciudad. De repente, justo frente a mí se encontraba parado mi amigo John. De sus ojos salían destellos de vida mientras nos abrazábamos. Hay personas que me han preguntado si nos vamos a reconocer los unos a los otros en el Cielo. Yo reconocí a mi amigo

John. En Mateos 8:11 la Biblia dice que nos sentaremos junto a Abraham, Isaac y Jacob. ¿Cómo nos sentaremos junto a ellos si no sabemos quienes son? El accidente automovilístico que cobró la vida de John fue tan violento que él fue decapitado. En el Cielo él está entero. Si una persona está ciega aquí en la tierra y muere y va al Cielo, esa persona volverá a ver. Será igual para aquellas personas a las que hoy les falta un brazo o una pierna, allá estarán completas nuevamente. "Porque sabemos que si nuestra morada terrestre, este tabernáculo, se deshiciere, tenemos de Dios un edificio, una casa no hecha de manos, eterna, en los cielos". (2 Corintios 5:1). Y, "Porque asimismo los que estamos en este tabernáculo gemimos con angustia; porque no quisiéramos ser desnudados, sino revestidos, para que lo mortal sea absorbido por la vida". (2 Corintios 5:4) y "Así que vivimos confiados siempre, y sabiendo que entre tanto que estamos en el cuerpo, estamos ausentes del Señor". (2 Corintios 5:6). Y luego me enteré de que a todos se nos asigna un ser querido que ya se encuentra en el Cielo para mostrarnos este *Lugar Llamado Cielo,* y John fue asignado a mí.

Sí, que escena gloriosa, quizá sea madre que tanto usted ha extrañado o ese bebé que usted perdió o su padre amado a quien usted dejó en su tumba o su querida esposa a quien usted perdió por el cáncer, sea quien sea ese ser querido, si murió en Cristo, ¡Allí lo estarán esperando en el Cielo! John me dijo que tenía muchas cosas maravillosas que mostrarme.

John me llevó a un edificio muy grande que parecía como una biblioteca. Las paredes eran de oro sólido que destellaban una luz resplandeciente la cual se reflejaba allá en lo alto de un cielo raso de cristal tipo bóveda. Vi centenares y centenares de volúmenes de libros. Cada uno de los libros tenía tapas de oro que en su parte externa estaban bellamente grabadas con solamente una letra del alfabeto. Había muchos ángeles allí leyendo el contenido de los libros. John me explicó que estos libros contenían un registro de toda la vida de las personas que habían nacido a través de toda la historia. Todo lo que hacemos en esta tierra es grabado en esos libros sea bueno o sea malo, todo. Vi como uno de los ángeles abrió uno de los libros y con un trapo limpiaba las páginas. A medida que el ángel hacía esto las páginas se tornaban rojas y las letras se desvanecían de las páginas dejando solamente un nombre. Yo pregunté qué significaba eso y él me dijo que el color rojo representaba la purificación a través de la sangre de Jesús, nuestro Salvador. Se pasaron los nombres de estos libros al *Libro del Cordero de la Vida* y esos pecados fueron borrados y ya no había memoria de ellos. El *Libro del Cordero de la Vida* es para aquellos que han recibido la vida eterna pidiéndole a Jesús que los salve. ¿Lo ha hecho usted? Me fueron mostrados otros libros que contenían peticiones hechas en oración, crecimiento espiritual en el Señor, y un registro del número de almas que alguna vez fueron llevadas a Cristo. Todos los libros contenían muchos detalles, porque Dios tiene conocimiento de todo lo que hacemos.

John sacó un libro de uno de los estantes con mis iniciales en la parte de afuera. Era el *Libro del Cordero de la Vida*. Él lo puso abierto sobre una mesa y encontró mi nombre grabado en el libro. A un lado de mi nombre estaban las palabras, "Pagado totalmente por la sangre preciosa de Jesús". Alabado sea nuestro Dios por todo lo que Él hizo por mí en el Calvario. Debido a la preciosa sangre de su hijo ¡Yo tenía el derecho de estar en el Cielo!

Salimos de la biblioteca, y fui llevado a gran auditorio. Todos lucían vestiduras resplandecientes, y a medida que yo entraba al auditorio, noté que yo también traía una de esas vestiduras. Al mirar hacia arriba, vi una bella escalera en forma de espiral que sublimemente llegaba hasta las alturas de la atmósfera.

Un bello río de aguas cristalinas fluía justo frente a mí. Yo seguía a ese río con mis ojos ¡Que fluía desde del trono de Dios! ¡Era algo maravilloso el ver que la fuente de ese río era el mismo trono del Dios todo Poderoso! Alrededor del trono había veinticuatro ancianos con sus coronas en sus cabezas. Allí se encontraba un bello arco iris de colores que rodeaba el trono. Había siete lámparas doradas de cada una de las cuales salía una llama, lo cual significaba la presencia del Espíritu Santo. John me dijo que bebiera del agua. Cuando probé el agua me dí cuenta que era muy dulce. Luego John me guió hacia el agua. Al entrar descubrí que solo me llegaba a los tobillos, y luego comenzó a subir. Cubrió mis muslos y mis hombros, hasta que todo mi cuerpo quedó sumergido. No había fondo, pero me agachaba con facilidad y recogía pepitas doradas más grandes que mi puño y diamantes y otras joyas preciosas que simplemente se deslizaban por entre mis dedos. Jesús, La Luz, brillaba sobre ellas, produciendo colores que escapan a mi habilidad de poder describirlos. El agua preciosa realmente me estaba limpiando de las impurezas que se pudieron haber colgado de mí en mi transición de la tierra a la gloria. En el agua, John y yo podíamos comunicarnos sin expresarnos verbalmente. Todo lo que teníamos que hacer era pensar en lo que queríamos decir y simplemente el otro sabía lo que era. Jesús estaba en el agua jugando con nosotros y chapoteando gozosamente. El agua bajó, y salimos del otro lado del barranco.

A lo largo del río cristalino crecían huertos frutales que tenían árboles. La fruta representa un don, y cuando uno come la fruta ese don explota adentro de uno llenándolo internamente y uno se convierte en esa fruta, como por así decirlo. No estoy diciendo que uno se convierte en una manzana o en una pera, lo que quiero decir es que la fruta que uno come representa el Don del Conocimiento y es entonces que uno tiene el entendimiento perfecto. Luego vi el Árbol de la Vida. El tronco del árbol era de oro, y las ramas eran largas y cubiertas de frutas. "Y Jehová Dios hizo nacer de la tierra todo árbol delicioso a la vista, y bueno para comer; también el árbol de vida en medio del huerto, y el árbol de la ciencia del bien y del mal". (Génesis 2:9). Dios creó a Adán y a Eva y los puso en un bello jardín, luego Él plantó dos árboles. Uno es el Árbol de Vida y el Otro es el Árbol de la Ciencia del Bien y del Mal. Luego Dios les dio el libre albedrío: la vida o la muerte.

Dios nunca impondrá Su voluntad sobre nadie y no lo culpo, porque yo no quisiera estar con alguien que no quisiera estar conmigo. Piense en Jesús como si fuese ese Árbol de Vida, usted lo puede elegir a Él y vivir para siempre. Piense en Satanás como el Árbol de la Ciencia del Bien y del Mal, usted puede elegirlo a él y morir la muerte eterna. Adán y Eva eligieron el árbol equivocado. ¿Cuál de los árboles elige usted? "Bienaventurados los que lavan sus ropas, para tener derecho al árbol de la vida, y para entrar por las puertas en la ciudad" (Apocalipsis 22:14). En Primera de Juan 5:4-5 se nos dice: "Porque todo lo que es nacido de Dios vence al mundo; y esta es la victoria que ha vencido al mundo, nuestra fe. ¿Quién es el que vence al mundo, sino el que cree que Jesús es el Hijo de Dios?" (1ª de Juan 5:4-5). La única manera de ser un vencedor es poniendo su fe en Jesús.

Luego vi una multitud de personas, todas cantando: "Dad gloria al Cordero Rey, suprema potestad". Ellos venían de toda tribu, nación y raza que existe sobre la faz de la tierra. Yo le pregunté a John el porqué ellos estaban cantando un himno Bautista en el Cielo, y él respondió: "Gary, todos los cantos del Espíritu se originan aquí en el Cielo, luego son entregados a alguien en la tierra que después le dará a luz a ese cántico". Pasaron muchos años hasta que escuché en la tierra cantos que por primera vez yo había escuchado en el Cielo, cantos como el "Aleluya" y "Él es el Señor". Hay algo más que aprendí acerca de la música, muchos de los cantos que escuchamos en el mundo secular fueron hurtados del Cielo. Piense bien en lo que le voy decir y vea si no tiene perfecto sentido. Sabemos a través de lo que escribió Ezequiel que en el cielo Satanás estaba a cargo de la música. Él era el director de música. Cuando Satanás fue expulsado del cielo, él se llevó los cantos que iban a ser cantos de alabanzas para nuestro Señor Jesús y degeneró la letra adulterándola para dársela al mundo. Esa es la razón por la cual cuando el día de hoy usted escucha una canción en una estación de radio Cristiana que alguna vez fue una canción de "rock" popular hace años, no es porque el músico se la robó al mundo, es simplemente que el Espíritu Santo la regresó a su forma original.

Las colinas y las montañas que se encontraban ante nosotros se convertían en torres con una belleza que nos dejaban sin aliento. Noté una hueste de personas en la ladera de la colina. Ellos estaban observando cosas que estaban ocurriendo en la tierra. Cuando presenciaban el momento en que un alma perdida, a la que se le hablaba acerca de la gracia redentora de Dios, aceptaba a Jesús como su Señor y Salvador, todas las personas que se encontraban en las laderas de las colinas y en las cimas de las montañas, y en la ciudad irrumpían en aplausos y en una alabanza espontánea. Las montañas comenzaban a cantar y los árboles del cielo aplaudían con sus ramas. Y uno podía escuchar: "¡Regocíjense, regocíjense, porque un alma perdida está regresando a casa!" "Porque con alegría saldréis, y con paz seréis vueltos; los montes y los collados levantarán canción delante de vosotros, y todos los árboles del campo darán palmadas de aplauso". (Isaías 55:12). ¿No es maravilloso saber que cuando uno le cuenta a alguien acerca de Jesús, tiene a todo el cielo echándole porras? En Hebreos doce se nos cuenta acera de esta gran grupo de testigos. Yo vi a un hombre venir a Cristo y estos testigos fueron y encontraron a la mamá de él y le contaron que su hijo había aceptado a Jesús.

Luego John me llevó a lo que se veía como una escuela, en el patio de juegos había fuentes doradas y bancas de mármol. Las flores crecían por todos lados las cuales producían una fragancia como la de un perfume dulce. Yo me maravillaba por los colores brillantes que tenían las flores, cada una de las flores era diferente a las demás, y no habían dos que se parecieran, no era como aquí en la tierra, donde si usted ha visto una margarita ya las ha visto a todas. ¡Me quedé maravillado en total deleite de lo asombroso que fue escuchar una dulce melodía de alabanza cantada por las flores! Ellas eran tan reales y llenas de vida que de hecho se podía ver la expresión que cada una de ellas tenía. Las flores cantando. Vi a una niña pequeñita con cabellos castaños y largos que le colgaban en forma de rizos por su espalda. Ella traía vestiduras blancas que refulgían con la luz del nuestro Señor. En sus piececitos traía unas sandalias. Cuando ella vio a Jesús comenzó a correr hacia él con sus brazos abiertos. Jesús se inclinó y la atrapó en el momento en que ella se lanzaba de un salto a sus brazos. Después, de todos lados venían niños corriendo a ver a Jesús. Había niños de todas las razas y colores. Todos tenían puestas sus vestiduras blancas y sus sandalias. Se sentaban a los pies de Él y lo escuchaban atentamente mientras que les predicaba. Nunca olvidaré la manera en que sus caritas irradiaban de embelesamiento mientras que miraban a Jesús. "Jesús ama a todos los niños del mundo". Mientras que Jesús les predicaba, junto con los niños se encontraban todas las diferentes especies de animales. Era algo maravilloso ver como un león magnificente retozaba con los niños como si fuera un gatito y ver a pájaros de elegante belleza posados sobre los hombros y las cabezas de los niños. Vi adolescentes que habían dejado esta tierra prematuramente, estaban allí jugando en piscinas de agua cristalina cantando y riendo. La gente en el cielo siempre está danzando con gozo y cantando alabanzas para celebrar a Jesús. He estado en muchas iglesias en las cuales los servicios de alabanzas fácilmente hubieran pasado por servicios fúnebres debido a la falta de regocijo en el Señor Jesucristo. Ellos actúan como si su mejor amigo acabara de morir. Hay muchísimas personas que van a tener que asistir a la escuela del cielo ¡para aprender a alabar a Dios! Yo quería ir a hablar con Jesús. John me dijo: "Lo harás, pero primero ven a ver otras cosas que tengo que mostrarte".

A medida que John y yo caminábamos por las calles de la ciudad que eran de oro transparente, vi como la luz de Jesús el Hijo resplandecía sobre ella. Los suaves colores de la luz parecían tomar vida en un resplandor de danza de colores que bailaban con gracia por esas calles de oro. Estas calles son cristalinas y al mismo tiempo de oro puro. No hace mucho tiempo se me acercó un ateo y me dijo que si iba a andar por el mundo contando historias sin sentido acerca del cielo que necesitaba ser franco respecto a los hechos, que cualquier tonto sabía que el oro era amarillo y no transparente. Es un hecho comprobado que hay una impureza en el oro que lo hace ser amarillo. Nada es impuro en el cielo. Alguna vez alguien me dijo que creía que el cielo era solo un "Estado". Mi respuesta fue: "¿Cómo Tejas?" Hay una canción del género de la música country que dice: "Si el cielo no es como Tejas, yo no quiero ir". Bueno amigos les puedo decir que ¡no lo es! ¡Alabado sea Dios porque no lo es! Me extraña que tanta gente relacione el cielo con un lugar en el que nada mas vamos a andar flotando por todas partes sobre una nube, tocando un arpa y mirando hacia la tierra. Eso está tan alejado de la verdad. Habrá muchas nuevas aventuras para nosotros siempre y cuando hagamos lo que Dios nos pide. Hay mucha más vida en el cielo de lo que jamás habrá aquí en la tierra. ¡Hasta las flores le cantan a Jesús y se regocijan en su nombre maravilloso!

Vi ángeles llevando tazones dorados llenos de una sustancia líquida. Le pregunté a John qué era y él me dijo que eran las lágrimas de los santos que se encontraban en la tierra. Cada vez que un hijo de Dios ora con tanto ahínco que derrama una lágrima allí está un ángel para atrapar esa lágrima y entregársela a Dios. Las lágrimas son almacenadas en tazones dorados al pie del trono de Dios. Vi otros ángeles acarreando frascos dorados llenos de una sustancia como el vapor. Les pregunté a los ángeles que qué era eso, y ellos me respondieron, "Son las alabanzas de la gente en la tierra presentadas a Dios en la forma de incienso de aroma dulce". Cuando adoramos a Dios, los ángeles recogen esa alabanza y se la llevan directamente a Dios.

Vi una cantidad tan grande de ángeles. Todos ellos de una belleza magnificente, algunos de ellos tenían alas, mientras que habían otros que no las tenían. Cada uno de ellos tenía su propia identidad y personalidad. Cada uno de los ángeles era de aspecto magno. Dios les ha dado una gran inteligencia. La palabra *ángel* significa mensajero. Los ángeles son los mensajeros de Dios. Muchas personas creen que los ángeles alguna vez fueron hombres y mujeres y que al morir fueron transformados en estos seres angelicales. En ningún lugar de la Biblia hay mención de esto. Jesús los creó como ángeles. ¡No había ángeles perezosos! Cada ángel estaba trabajando diligentemente en la tarea que se les había asignado. Todos estaban gozosos sirviendo a Dios. Últimamente he escuchado muchísimas ideas falsas acerca de los ángeles, tales como esa que sostienen que son estos muñequitos primorosos de cupido, gorditos y con mejillas sonrosadas que andan por allí volando trayendo felicidad, buenos sentimientos y que están disponibles para cualquiera en cualquier momento. "¿No son todos espíritus ministradores, enviados para servicio a favor de los que serán herederos de la salvación?" (Hebreos 1:14). Los ángeles no son enviados a ayudar a aquellos que han rechazado a Cristo. La gente que pertenece al movimiento de la nueva era dice que usted puede contactar a sus ángeles cuando sea que usted necesite ayuda con su vida amorosa, las finanzas, para tener protección, o simplemente porque usted anda solitario y necesita a su ángel para que le haga compañía. También ellos dicen que usted puede contactar a su ángel por medio de la canalización o al vestir los colores correctos, o hasta podría ser tan simple como escribirle una carta a su ángel. ¡Ay hermano! El buscar a los ángeles con el fin de obtener algo del espíritu que no sea el caminar junto al Señor, es darle la bienvenida a las actividades demoníacas con los brazos abiertos; y esto es muy peligroso. La paz y el sentirse bien solamente pueden venir del Espíritu Santo, y nunca debemos pedir ayuda llamando a los ángeles para que ellos nos asistan en los momentos de necesidad. Solamente debemos de pedírselo a Dios. Es Dios el que envía a los ángeles para ayudarnos; ellos solamente actúan de acuerdo con las instrucciones de Él y nunca por cuenta de ellos apartados de Él. Deberíamos de estar bien agradecidos con Dios de que Él nos haya dado la protección de sus santos Ángeles durante nuestra peregrinación terrenal. Los ángeles están sujetos a la potestad de Dios. Sin embargo, ellos son libres de elegir, así como lo somos nosotros, de las opciones que se les presenta. (Libres pero dentro de los límites de las leyes de Dios). ¡Debemos de mantener nuestros ojos puestos en Jesucristo! Hay ángeles que han caído de la gracia de Dios por haber actuado independientemente alejados de Dios. Alguna vez Satanás y sus demonios fueron ángeles santos. "Tú, querubín grande, protector, yo te puse en el santo monte de Dios, allí estuviste; en medio de las piedras de fuego te paseabas". (Ezequiel 28:14). El demonio no es un mito. Él no es la simpática personita de color rojo posada en su hombro del lado inicuo. Él no tiene orejas puntiagudas, cuernos que le salen de su cabeza ni una horquilla. Debido a que él ha sido presentado de esta manera, algunas personas dicen que Satanás no es un ser real que él pertenece a la mitología griega y que él no existe. Sin duda esta idea fue inspirada por el mismo Satanás. Después de todo, si no hay demonio entonces no hay infierno, por lo tanto no existe una razón por la cual aceptar a Jesús como nuestro Salvador. ¿Entonces cuál sería el punto? Si no hay nada de qué salvarnos, porqué fue que Dios: "Porque de tal manera amó Dios al mundo, que ha dado a su Hijo unigénito, para que todo aquel que en él cree, no se pierda, mas tenga vida eterna. Porque no envió Dios a su Hijo al mundo para condenar al mundo, sino para que el mundo sea salvo por él". (Juan 3:16-17). La Biblia nos enseña de lo real que es la existencia de Satanás y que es tan cierta como la existencia de Dios. "Tú eras el sello de la perfección, lleno de sabiduría, y acabado de hermosura". (Ezequiel 28:12). Satanás fue creado perfecto en belleza. En la actualidad, Satanás utiliza la belleza para guiar a muchos por el mal camino. No hace mucho tiempo que yo estaba en una librería y levanté en mis manos un libro que era un best- seller que se escribió acerca de la experiencia que tuvo una señora después de la muerte. Ella escribió que uno no necesita la salvación de Jesús debido a que nadie va al infierno, porque no hay infierno. Me rompió el corazón porque Satanás había utilizado su poder y belleza para engañarla. Las falsedades que ella escribió se convirtieron ahora en un best-seller que ha llevado a un incontable número de personas a alejarse de la verdad de Jesucristo. Mientras que yo estaba allí viendo los estantes, conté ocho libros más acerca de la experiencia después de la muerte. Los ocho libros tenían "La Luz" como parte del título. Yo escuché al Espíritu Santo decirme: "el nombre 'Lucifer' significa el que lleva la luz". En la Segunda Carta a los Corintios en el capítulo 11 versículo 14, nos dice que Satanás viene transformado con el aspecto de un ángel de luz. Él es muy hermoso, mas sin embargo él es una luz muy peligrosa y engañosa. ¡Satanás es real! Él odia a Dios y su objetivo es tomarnos para él alejándonos del Padre. La gente en lugar de ser rodeada por esta luz está enceguecida por ella.

Entramos a un cuarto que era como una guardería. Vi algo que tenía el aspecto de bultos de carne que eran atesorados en montones. Es la única forma que tengo para describirlos, simplemente bultos de carne que se veían como montones de arcilla. Con cada uno de ellos había un ángel. "¿Qué es eso?", pregunté. John respondió: "Esos son bebés que fueron abortados en la tierra. Un ángel ha sido asignado a cada uno de ellos para moldearlos y convertirlos en el niño que Dios tenía la intención que ellos fueran". Ahora, tenga usted en mente que esto ocurrió en 1966. En aquel entonces no se mantenían estadísticas acerca del número de abortos realizados. Ahora las estadísticas muestran que de 1.5 millones a 2 millones de bebés son abortados cada año solamente en los Estados de Unidos.

A veces el Señor hace que entre la multitud yo note un rostro en particular y me dice que vaya a orar por esa persona. En uno de los servicios, una joven mujer se paró en la parte de atrás de la iglesia, su rostro me llamó la atención y me dirigí hacia ella. Ella dudó cuando le pregunté si yo podía orar por ella, y luego me dijo: "Adelante, me imagino que no me hará daño". Puse mis manos sobre sus hombros y el Espíritu Santo habló a través de mí diciendo: "Padre, bendice a esta mujer y al bebé que lleva en su vientre". La muchacha abrió sus ojos del tamaño de un pequeño plato playo y se fue hacia atrás diciendo: "No ore por eso". El Espíritu Santo se puso de pie en mi interior y yo dije: "Yo sé lo que estoy haciendo". Amarré al espíritu maligno que la estaba acosando y ella cayó bajo el poder del Espíritu Santo. La guié al Señor. Luego ella me contó que por los últimos doce meses había estado teniendo un romance con un hombre casado y que como resultado había embarazada. Nadie sabía que ella estaba embarazada con la excepción de Dios que todo lo sabe. Ella tenía una cita a las 9 de la mañana del día siguiente para hacerse un aborto, pero cambió de parecer y ahora ella sabía que tendría a su bebé. Siete meses y medio después, mi esposa y yo recibimos el anuncio del nacimiento de un bebé ¡Es una niña! Esa bebé casi había sido arrojada fuera de esta vida antes de que fuera su hora. A Jesús le importa muchísimo las vidas abortadas; los niños no deseados de esta tierra. A Él también le importan las madres que no ven otra alternativa. Ellas no saben que Dios puede darles fuerzas en los momentos difíciles. Él es tierno y perdonador. ¡Dios es toda bondad! Si usted ha tenido un aborto o usted es un hombre que le ha hablado a su esposa, novia o quizá aun a su hija para que se haga un aborto, Dios le perdonará todos sus pecados, aun aquellos por los que usted todavía no se perdona así mismo. Pida por Su perdón y misericordia eterna.

Hoy en día, muchas mujeres y hombres no piensan en otra cosa más que en la destrucción de sus bebés que todavía no nacen porque un bebé podría representar un inconveniente. El valor de la vida se ha ido degradado por el aborto. Me duele pensar que quizá Dios ha tenido que pasar a los bebés que no han nacido a un cuarto más grande. Ellos no son fetos, son personas de verdad a quienes Dios conoce y Él valora a todos y cada uno.

Después de que salimos de la unidad para infantes, entramos a un edificio largo, que más bien se veía como una bodega. Lo que vi colgando de las paredes me tomó por sorpresa. Había hileras de piernas, hileras de brazos, cubículos con cabellos y ojos de varios colores. Cada una de las partes de la anatomía humana estaba en ese cuarto. Usted se estará preguntando: "¿Por qué se necesita tener un lugar así en el cielo?" Esto me recuerda al chiste que dice: "¿Estabas tú fuera del salón cuando Dios estaba repartiendo cerebros?" John sabía que yo no entendía, así que me dijo que observara lo que estaba ocurriendo. Ante mis ojos, desde un punto de ventaja celestial, yo podía ver las oraciones de los santos en la tierra siendo disparadas como flechas hacia el cielo.

Los ángeles recibían las oraciones y las traían al salón donde estaba el trono de Dios. Dios otorgaba la petición de una oración y el ángel era despachado de ese salón a entregar el milagro. Si un doctor dice que algo no está bien y que se necesita quitar, yo le digo a usted que Dios le tiene preparado un milagro. Dios tiene un cuarto con partes del cuerpo ¡que son repuestos! Usted dice: "Bueno, conozco a personas que necesitaban un milagro, quizá ellos hasta lo pidieron, y no lo recibieron". Permítame contarle que fue lo siguiente que vi. Vi a los ángeles ser despachados con los milagros como respuestas de Dios, luchando contra principados y poderes, solamente para ser detenidos por la duda y la incredulidad que salía de la boca del peticionante. Cosas tales como "No es para mí", o "No es la voluntad de Dios que yo me cure" son las que escuché que ellos decían. Entonces el ángel tristemente se daba la media vuelta y llevaba el milagro de regreso al cielo y lo depositaba en un cuarto llamado las bendiciones no reclamadas. Yo he leído el Nuevo Testamento una y otra vez y en ningún lugar vi, ni siquiera una sola vez, que Jesús le haya dado la espalda a alguien diciéndole: "No, no es mi voluntad que tú seas sanado". La mayoría de nosotros creemos más en los doctores de lo que creemos en el poder de Jesús para sanarnos. Le voy a decir a usted porqué yo creo esto. Cuando nos enfermarnos, los medios de comunicación nos dicen: "Es la temporada de gripes y alergias al polen". Los comerciales de televisión comienzan por promover su cura, a nosotros nos dan estos síntomas y comenzamos a tomar los remedios para la gripe o vamos al doctor. Usted podría llegar a pensar que soy anti-doctores, pero no lo soy. Simplemente estoy tratando de despertar a la gente de Dios para que se den cuenta de que hay una mejor manera de vivir.

Sucedió que estando él en una de las ciudades, se presentó un hombrelleno de lepra, el cual, viendo a Jesús, se postró con el rostro en tierra y le rogó, diciendo: Señor, si quieres, puedes limpiarme. Entonces, extendiendo él la mano, le tocó, diciendo: Quiero; sé limpio. Y al instante la lepra se fue de él. (Lucas 5:12-13)

Si usted tiene la necesidad de recibir un milagro de Dios, no deje de pedírselo. Usted tiene que aferrarse a los cuernos del altar de Dios y rehusarse a soltarlos hasta que el poder del milagro de Dios sea manifestado en el nombre de usted. La fe no es solamente creer que Dios puede, la fe es creer que Dios lo hará. Ya deje de usar palabras de dudas e incredulidad y comience a usar ¡palabras de fe! Hay personas que hacen que las cosas sucedan y hay personas que preguntan: "¿Qué sucedió?" "Si puedes creer, al que cree todo le es posible". (Marcos 9:23). ¿Qué es la fe? "Es, pues, la fe la certeza de lo que se espera, la convicción de lo que no se ve". (Hebreos 11:1).

"Despreciado y desechado entre los hombres, varón de dolores, experimentado en quebranto; y como que escondimos de él el rostro, fue menospreciado, y no lo estimamos. Ciertamente llevó él nuestras enfermedades, y sufrió nuestros dolores; y nosotros le tuvimos por azotado, por herido de Dios y abatido. Mas él herido fue por nuestras rebeliones, molido por nuestros pecados; el castigo de nuestra paz fue sobre él, y por su llaga fuimos nosotros curados". (Isaías 53:3-5)

Dios el Padre estaba tan dispuesto a que fuéramos sanados que envió a su único Hijo para que sufriera en nuestro lugar. Estos versículos no dejan espacio a la duda; que ¡por las marcas de los latigazos que él recibió nosotros somos sanados! Reclame sus bendiciones para que ellas no tengan que ser regresadas al cuarto de las bendiciones no reclamadas. La biblia nos dice que Jesús es el mismo ayer, mañana y para siempre. Él sanó al enfermo cuando caminó por esta tierra y ¡todavía hoy nos sana!

Luego John me guió a través de unos portones que resplandecían por las piedras preciosas que tenían. Más arriba por ese camino se encontraba erguida la mansión adonde pasaré toda la eternidad. Tenía grandiosas columnas de mármol, así como algunas de esas estancias que se encuentran al sur de los Estados Unidos. Era magnificente. Al entrar a la mansión, ingresamos por lo que sería como una sala de estar. No había muebles, solamente tres cubetas de pintura que ahí estaban. Yo había visto otras mansiones que tenían muebles, arte en la paredes, algunas hasta tenían mascotas – toda la colección de sectores residenciales que tenemos aquí en la tierra.

No había dos mansiones que fueran iguales, Dios lo conoce a usted mejor de lo que usted se conoce a sí mismo. Él conoce los deseos de su corazón lo que a usted le gusta y lo que no. Si usted ha llamado a Jesús para que lo salve, en este momento se está construyendo y perfeccionando una mansión para usted en el paraíso, diseñada a su gusto. John caminó, metió su mano en una de las cubetas y arrojó lo que tenía en ella en contra de la pared y al instante apareció un hermoso arreglo floral. "Este lugar necesita más decoración", dijo él pasándome una cubeta. Si usted me conociera como realmente soy se daría cuenta que soy de naturaleza excesiva, así que tomé la cubeta y arrojé su contenido hacia la pared. De repente, ante mí apareció este hermoso paisaje y un jardín de flores. Por toda la habitación recorría una hermosa fragancia como de rosas. Ahí me quedé parado, contemplando el esplendor de todo aquello, pensando: *"¿Podría todo esto ser para mí? ¿Podría la respuesta ser tan simple como un "Sí" solo porque Jesús me ama?".* John me miró y me dijo: "Todavía no está lista para ser habitada, así que tienes que irte". Jesús dijo: "En casa de mi padre muchas moradas hay". Yo sé que esto es verdad, yo he visto la mía.

"Lo que era desde el principio, lo que hemos oído, lo que hemos visto con nuestros ojos, lo que hemos contemplado, y palparon nuestras manos tocante al Verbo de vida". (1ª de Juan 1:1). Yo no lo podría haber expresado mejor de lo que lo expresó el apóstol Juan.

Nunca he visto algo que pudiera de alguna manera ser comparado a la belleza de nuestro Señor Jesús, frente al cual ahora yo me encontraba. Aunque no existan palabras para explicar Su divina presencia, intentaré de alguna manera, dar una descripción de lo que sentí mientras que hablaba con Jesús. Él me miró con sus ojos azules, de un tono que yo jamás visto. Caí como hombre muerto ante Sus pies, los cuales brillaban como si fueran de un bronce fino y lustrado. Él me extendió una mano la cual tenía las cicatrices que le dejaron los clavos, y me levantó ¡Alabado sea Dios! Es a eso a lo que se dedica Jesús a levantarlo y ¡a ponerlo de pie nuevamente! Luego Él me levantó en Sus brazos y me sostuvo contra Su pecho como si yo fuera un niño pequeño. Experimenté el amor más maravilloso, placentero, pacífico y poderoso que alguna vez yo hubiera yo sentido.

He estado escribiendo acerca de las glorias y de la belleza del Cielo, pero nunca debemos de perder de vista al Señor Jesús. Es evidente que uno debe de conocer, amar y servir a Jesús. Él es el verdadero tema de este libro. Porque nosotros hacemos la pregunta: "Señor, ¿qué veremos en el cielo?" Y Él nos dice: *"Yo seré tu centro de atención".* *"¿Qué* escucharemos en el Cielo?" *"Todo lo que yo te revele".* *"¿Qué* es el Cielo?" *"Es mi creación para ti. Jesús es el centro de todo".*

Sus cabellos y barba son tan blancos como la nieve. Él viste una túnica majestuosa de justicia con una bella orla de color púrpura que dice: *"Rey de Reyes y Señor de Señores"*, en Su cintura Él traía un cinturón de oro sólido. Vi las cicatrices que Él tenía en todo Su cejo y frente a causa de la corona de espinas que le pusieron en Su cabeza en ese triste día en el Calvario. "Él es el Alpha y el Omega, el principio y el fin. Su nombre es Maravilloso, Él es el Príncipe de Paz, el Cordero de Dios, que quita el pecado del mundo". (Juan 1:29). "El hombre que tiene amigos ha de mostrarse amigo; Y amigo hay más unido que un hermano". (Proverbios 18:24). "¡Él es el Señor de Gloria! la que ninguno de los príncipes de este siglo conoció; porque si la hubieran conocido, nunca habrían crucificado al Señor de gloria". (1ª a los Corintios 2:8). ¡Ah, que gloria más grande es la que le espera a aquellos de entre nosotros que conocen a Jesús! ¡Ninguna puede compararse a Él! ¡No hay palabras que realmente puedan describirlo a Él con exactitud! Yo quisiera pasarme miles de años simplemente allí sentado a Sus pies. Yo quiero contemplar esos ojos llenos de compasión y ¡adorarlo por toda la eternidad! ¡No volveré a estar plenamente contento hasta que vuelva a ver Su cara maravillosa! Como Él es judío, traía puesto un taled.

Jesús me habló, y así como nuestro Dios todo poderoso escribió los Diez Mandamientos con la punta de Sus dedos, Él escribió estas palabras en mi corazón. Él me dijo que: *"había un cántico que yo debía de entonar, un viaje misionero que yo iba a hacer, un libro que escribiría, y que había un propósito por el cual yo me encontraba aquí en esta vida".* Luego Jesús me miró fijamente con esos penetrantes ojos azules y me dijo: *"Nunca creas en la condena del demonio que dice que tú no vales nada. Tú eres valioso. Tú has sido redimido por la sangre del cordero".* Él dijo: *"¿Por qué mi gente no cree en mí?"* Jesús me encomendó que yo le hiciera ver a la gente de esta tierra lo real que era Él. Él dijo que había tres cosas que marcarían Su pronto regreso: Un Espíritu de Restauración, Un Espíritu de Oración, y un Despliegue de Milagros.

El Espíritu de Restauración

Jesús me dijo: *"Recuerda lo que dije, porque el Padre y yo somos una sola persona. Cuando Yo hablo es porque el Padre ha hablado. Sobre todas las cosas amaos los unos a los otros y siempre tengan la voluntad de perdonaros los unos a los otros"*.

Él dijo que el Espíritu de Restauración prevalecerá por sobre toda la tierra. ¿Ha habido alguna vez en la historia alguna época en la que necesitemos que el Señor envíe el espíritu de restauración más que en estos momentos? Los matrimonios se están desarmando más rápido que nunca. En las ceremonias matrimoniales la gente quiere dejar fuera las palabras: *compromiso, obedecer, y hasta que la muerte nos separe.* Los amigos de toda la vida, convenientemente se están olvidando de cuales son las características de una amistad. Los hijos están llevando a sus padres a los tribunales para divorcios. Los padres están abandonando la mayor parte de las responsabilidades que ellos tienen para con sus hijos. Los vecinos se matan a causa de un buzón de correo, y las iglesias están llenas de chismosos que se la pasan criticando. *"Y por haberse multiplicado la maldad, el amor de muchos se enfriará"*. (Mateo 24:12). La gente se aferra a los sentimientos que duelen y guarda rencores, parece ser que cuando se pide perdón, la persona herida no puede perdonar. La compasión y el perdón se han convertido

solamente en palabras. El amor se ha enfriado debido a la iniquidad del corazón. Si el corazón está lleno de amor por Jesús, entonces uno puede pasar por alto el rechazo y el dolor y uno logra amar a aquellos que nos han lastimado. Jesús puede restaurar nuestra habilidad de perdonar. *"Si alguno dice: Yo amo a Dios, y aborrece a su hermano, es mentiroso. Pues el que no ama a su*

49

hermano a quien ha visto, ¿cómo puede amar a Dios a quien no ha visto?" (1ª de Juan 4:20). Debido a mi amor por Dios, puedo sentir un abundante amor por mis hermanos y hermanas, aun por aquellos que me odian y hablan pestilencias en contra de mí. Es solamente a través de Jesús que yo puedo hacer esto. Desde el punto de vista humano, esto no siempre se logra fácilmente. Es ahí cuando tengo que pedirle al Señor que llene mi corazón con amor por ellos, para que yo no demuestre odio, envidia o amargura.

Dios comenzará a enviar personas que se le atravesarán en su camino. Gente que lo ha ofendido, gente que usted pudo haber ofendido. Usted tendrá que decidir: entre hacer las paces, el perdón es indispensable si es que usted quiere caminar sintiendo la plenitud que viene de Dios, o dejar que la amargura y el enojo lo venzan.

En mi vida, Dios me dio una tarea muy ardua respecto a las verdades del perdón hacia mis padres. Yo había estado tratando de olvidar en lugar de perdonar. Hay una gran diferencia entre una y la otra. El olvidar es una manera de tapar el dolor. El perdonar es el soltar el dolor. Como lo dije anteriormente, yo había sido abusado tanto físicamente como emocionalmente por mi madre como por mi padre. Mi padre abusaba sexualmente de mí, y todavía en la cara interna de mis piernas tengo las cicatrices que me quedaron de cuando el apagaba sus cigarrillos presionándolos contra ellas. Esas cicatrices nunca desaparecerán. Pero las cicatrices de mi corazón han sido borradas por el amor de Jesús. Cuando Jesús nos enseñó el Padre Nuestro, Él nos dijo que debíamos de orar para ser perdonados en la medida en que nosotros perdonáramos a los demás. En el versículo que le sigue al Padre Nuestro Él nos dice que el perdón que recibiremos estará sujeto a la manera en la que nosotros perdonamos. *"Porque si perdonáis a los hombres sus ofensas, os perdonará también a vosotros vuestro Padre celestial;*

mas si no perdonáis a los hombres sus ofensas, tampoco vuestro Padre os perdonará vuestras ofensas". (Mateo 6:14-15). Hay cristianos que están corriendo el peligro de perder el perdón de Dios debido a la incapacidad que tienen de perdonar a los demás. ¡Esto es grave! Usted debe entender que en el cielo no hay lugar para las personas que no pueden perdonar, que no pueden amar, que son malvadas, groseras o nada amables. Nunca ande de chismosoo celoso. *"Antes sed benignos unos con otros, misericordiosos, perdonándoos unos a otros, como Dios también os perdonó a vosotros en Cristo".* (Efesios 4:32) En uno de mis más recientes sermones, un hombre me pidió que orara con él porque por los últimos siete años él no había tenido nada de comunicación con sus padres. Había pasado apenas una semana cuando la pareja se paró frente a mí. Ellos recibieron a Jesucristo como su Señor y Salvador y con lágrimas, que le corrían como torrentes por sus mejillas, dijeron: "¿Podría usted por favor orar para que nuestro hijo regrese a casa?" Miré hacia arriba y vi que era el mismo joven que antes me había pedido que orara con él, allí se encontraba él parado detrás de esta pareja. "Mamá, Papá, aquí estoy", dijo él. Los tres se sumieron en un gran abrazo. Yo también me uní a ese abrazo. Su papá continuó diciendo: "Nunca había visto que una oración sea contestada tan rápidamente como ésta". Yo creo que verdaderamente en este momento el Espíritu de Restauración se encuentra entre nosotros.

Reporte De la Patóloga Del Habla:
La Habilidad que Gary Wood Tiene Para Hablar
Sin Tener Laringe

Recientemente, cuando Gary estaba dirigiendo una reunión de Campamento en Mechanicsville, Virginia, una patóloga del habla conversó con él acerca de los detalles del milagro que él había recibido. Esto bendijo a Gary de tal manera que él quiso que ella hablara con los dirigentes de la iglesia. Esta es la opinión que ella tiene del milagro que él recibió.

Mi nombre es Rashida. Me he sentido bien emocionada por esta reunión de campamento, fue en esta semana que recibí el panfleto y éste proporcionaba la descripción acerca del Evangelista Gary Wood. Y dije: *"¿Qué?"* Me quedé realmente pasmada con el tema de su voz y laringe. Como patóloga del habla y lenguaje también trato con la voz. Esa es la razón por la cual esto me interesó en gran manera. Le dije a la Sra. Winfree, quien es una anciana de nuestra iglesia: "No creo que la gente sepa que esto es realmente un milagro".

Hablé con el Hermano Wood el lunes en la noche, y le dije: "Hermano Wood, tengo algo que compartir con usted".

Él dijo: "Bien linda, ¿Qué es?"

Yo le dije: "Déjeme decirle que hoy fui al sótano y de entre los archivos que tengo saqué el libro acerca de la voz que yo utilizaba en la universidad, porque sentí que debía de haber algo más para lo que se usa la laringe aparte de para poder hablar". Para todos aquellos que no lo saben, él estuvo en un horrible accidente y su laringe fue completamente aplastada. En mi libro decía que la laringe tiene tres funciones.

La *primera* de todas las funciones tiene fines biológicos. Esto significa que protege el pasaje del aire, para cuando usted ingiere bebidas y alimentos los cuales, como sabe usted, se supone que deben de ir a dar al estómago. Si usted no tiene laringe, estos caen en sus pulmones y a usted le da neumonía y por ende se muere. Me quedé pensando, bueno, esto es increíble, la laringe de él quedó aplastada.

La *segunda* de las funciones es emocional, lo cual significa que él puede demostrar si es que está feliz o triste cuando escuchamos su voz. ¡Esto es asombroso! Su laringe fue aplastada.

La *tercera* de las funciones es la lingüística. Esto significa que la voz de uno puede ser modulada para que se oiga fuerte, suave, usted sabe, cosas como esas. Él puede gritar y vociferar. Dije yo: "¡Esto es asombroso!"

Luego hablé con una de mis amigas, Shay, quien también es terapeuta del habla. Le conté acerca de esto, y se le cayó el teléfono por la duda. Ella dijo: "Bueno, Rashida, tienes que recordarle que la ciencia todavía no le puede ofrecer un transplante". A usted le pueden hacer un transplante de corazón, pero no le pueden hacer un transplante de laringe. Le pueden hacer un reemplazo de rodilla, pero no le pueden reemplazar la laringe. Es tan pequeña e intrincada que no lo han podido hacer. Yo pensaba, ¡esto es increíble! Yo le dije que era maravilloso que él estuviera aquí hablando, pero todos mis amigos que estaban en el campo del habla querían saber como sonaba su voz.

"Bueno, es, ya sabes, ¿débil?"

Yo les dije: "No". "¡La voz de él es normal!" Ellos pensaron que él tenía un terapeuta del habla con él y que esa era la razón por la cual él hablaba. Pero, vea usted, nosotros solamente enseñamos dos tipos de habla. El habla esofágico, el cual es algo así como un eructo. El otro se trata de un aparato electrónico que le damos a la persona, el cual es como una laringe artificial. Usted lo pone justamente aquí a la altura del estomago. Usted ha visto a esas personas que andan con esos micrófonos. Yo estaba admirada, él no tiene esas cosas. Mis amigos terapeutas no lo podían creer. Yo les dije: "De verdad, él habla como cualquier persona normal que vemos todos los días".

Cuando Gary me pidió que le diera a usted toda esta información, yo pensaba en mis adentros: *"Señor, él tuvo este accidente en 1966, y recorrió todo este largo camino hasta Richmond, Virginia para que yo le dé esta información. En 1966, ¡yo todavía ni había nacido!"* Yo tenía dudas acerca del campo en el que tenía que desempeñarme. Suelo escuchar a personas que simplemente aman lo que hacen. Para mí es, bueno está bien ser una terapeuta del habla, ¡pero no me encanta! Así que cuando compartí esta información con el Hermano Gary acerca de algo que había ocurrido hacia más de treinta y cinco años atrás, pensé: *"Bueno, quizá ésta sí se supone que debe de ser mi profesión".*

Hay una cosa que quiero compartir y es que si su laringe no está ahí o si usted ha tenido una laringectomía, usted no podría levantar un libro ni mover el atril hacia abajo porque usted necesitaría la laringe para tener ese aliento de apoyo. Yo pensé:

¡Esto es algo profundo! Quiero decirle que este hombre está haciendo todas estas cosas que se supone que él no podría estar haciendo.

Mientras yo lo escuchaba, seguía pensando: *Cuando lo escucho cantar "Hay Poder en Su Sangre", yo pienso: "Alabado sea Dios, Gary Wood usted tiene razón. Usted fue*

lavado en la Sangre porque lo que acaba de hacer es un milagro en el campo de la medicina.

Este testimonio fue dado en el Lighthouse Christian Center, en Mechanicsville, un suburbio de Richmond, Virginia. Teléfono No. 804-730-0101.

Un Espíritu de Oración

Mientras que estuve con Jesús, Él me mostró la tierra. Era como si estuviera viendo las fotos que los astronautas nos envían a la tierra por medio de los satélites; solamente que la tierra estaba rodeada por tres anillos. Adentro del primer anillo, la atmósfera de la tierra, vi a centenares de espíritus demoniacos. Este es el reino de Satanás. Las personas eran el blanco de los espíritus demoníacos e intentaban engañarlas. Si la gente aceptaba las mentiras como verdades, como enjambres de moscas venían muchos más demonios. Luego ellos comenzaban a caer por las tentaciones de la carne al permitirles a los demonios que los controlaran y sus vidas comenzaban a deshacerse. Los demonios tienen el poder de hacer que la gente mienta, engañe, robe, cometa adulterio, que hablen mal el unodel otro. Era como si la gente se convirtiera en títeres que cuelgan de los hilos.

Luego Jesús me mostró que cuando un hijo de Dios se ponía de rodillas ante Él, orando en el nombre de Jesús, con fe, las oraciones de ellos eran disparadas a los Cielos como si fuera flechas punzantes. Entonces aparecía un ejército de fuerzas angelicales, listo para la batalla con la cual busca destruir la efectividad de los demonios.

Cuantas más oraciones de fe subían más se retiraban los demonios. Pero cuando se pronunciaban palabras de duda e incredulidad, los demonios comenzaban a vencer.

El Señor me dijo que a medida que se acercara el momento de su venida, la actividad demoníaca sería desenfrenada. Satanás sabe que la cortina final está a punto de ser abierta y se le está acabando el tiempo. Millones de demonios y sus poderes satánicos abundarán a nuestro alrededor. ¿Por qué somos tan asediados por los poderes demoniacos? Es porque oramos muy poco. Los resultados son la inmoralidad, la perversión, el abuso de menores, la pobreza, el aborto, guerras, revoluciones, pornografía, lo oculto, un incremento en la actividad delictiva y enfermedades tales como el SIDA, solo por nombrar unos pocos ejemplos. *"Póngase toda la armadura de Dios, porque usted podría estar enfrentándose a las tretas del demonio. Porque nuestra lucha no es contra seres de carne y hueso, sino en contra de principados, en contra de poderes, en contra del príncipe de las tinieblas de esta era, en contra de huestes de iniquidad en lugares celestiales"*. Póngase su armadura y póngase firme en contra de las obras del demonio. Usted nada más se puede armar con la *Palabra de Dios*. Si usted no lee o estudia la Biblia, usted no tiene ninguna defensa en contra de las fuerzas de las tinieblas que están siempre trabajando para derrotarlo. Con fe, rompa con los lazos del demonio y rinda su vida al Espíritu Santo. He llegado a creer que, más allá de la sombra de una duda, la necesidad más grande del ser humano es la oración. Nuestra única esperanza para poder destruir a los poderes demoníacos de este mundo el día de hoy es a través del *Espíritu de la Oración*.

Los Milagros

La tercera cosa que me dijo Jesús es que habrá una liberación sobrenatural de milagros. He presenciado como gente ciega ha recuperado la vista, he visto a gente inválida arrojar sus muletas y salir de un salto de su silla de ruedas para comenzar a caminar. Gente sin la esperanza de recuperarse de un cáncer,

de diabetes y del SIDA han sido sanadas. He visto la multiplicación del alimento y del dinero. He visto a los muertos resucitar.

Para este punto, puede que usted ya se haya preguntado: *"¡Señor! ¿Por cuánto tiempo estuvo muerto este hombre? Para que él haya visto y hecho tanto en el cielo, de seguro que ya había aparecido en su cuerpo el rigor mortis.*

Usted y yo operamos en un espacio llamado *tiempo.* Vivimos nuestra vida de acuerdo con el *tiempo.* "Tengo que entrar a trabajar a las 8:30. Tengo una cita a las 2:00". Dios no está limitado por ese tiempo. Él opera en el espacio llamado *eternidad.* Me pidieron que diera clases de estudios bíblicos a mitad de semana, en los hogares de parejas que yo nunca antes había conocido. Como al final de la tardecita el Espíritu Santo comenzó a hablarme diciéndome que alguien que estaba allí tenía dolores en el pecho, y que esa persona había estado teniendo dolor todo el día. Yo les pedí que quien fuera esa persona me dejara orar con ella. Nadie dio un paso al frente. A medida que iba para casa, ya habíamos estado en camino como por quince minutos, cuando una de las señoras dijo: "Ay Gary, dejé mi bolso allá en la casa de ellos". Había seis de nosotros en el auto. Luego de dar vuelta para regresarnos, miré el reloj y comenté que eran las 10:30. Me dirigí a la puerta y la señora de la casa me tomó del brazo, jalándome hacia adentro y diciéndome: "¡Ay, gracias a Dios que usted regresó! ¡Es mi esposo! ¡Él está sobre la mesa, es su corazón!" Allí se encontraba él, desplomado sobre la mesa de la cocina y estaba azul. Puse mis manos sobre él y comencé a orar. Le pedí a Jesús que le regresara la vida a ese cuerpo sin vida. Cuando de repente, ¡sentí como que una descarga eléctrica pasaba a través de mí! Cada pelo en mi cuerpo se me puso de punta, y ¡fui lanzado hacia atrás contra la pared! Quedé totalmente drenado y simplemente me fui hasta el suelo deslizándome por la pared. Ve usted, no podemos manejar todo el poder de Dios, esa es la razón por la cual caemos ante Su presencia. De repente, el hombre muerto se paró. Y su color regresó a la normalidad. Su esposa dijo: "Ay cariño, ¡pensé que te habías ido!"

Él dijo: "Sí, me fui, he estado en el cielo y vi a Jesús. Jesús me dijo que Él estaba enviando a Gary para que él orara por mí, y que sería sanado". Anteriormente Él había tenido dos ataques al corazón. Cuando él fue a su doctor para un examen, el electrocardiograma confirmó que su corazón había sido completamente sanado. No había ninguna señal de que alguna vez él hubiera tenido un corazón enfermo. Dios le dio un corazón nuevo.

Luego de toda esta emoción, pasó como una hora, cuando ya estaba manejando a casa nuevamente. Nosotros tres en el asiento de enfrente miramos el reloj y exclamamos: "¡Son las 10:30!"¡Dios detendrá el tiempo para usted!

Hace unos años durante una Víspera de Todos los Santos un hombre vio un artículo en el periódico que decía: *Un Hombre Es Resucitado De Entre Los Muertos.* Él le dijo a su hijo: "No vayamos a pedir dulces. Vamos a esta reunión a ver al hombre muerto, será muy entretenido. Creo que nos divertiremos mucho".

Así que ellos vinieron a la reunión vistiendo máscaras con las cuales se veían como monstruos y se sentaron en la fila del frente. Durante todo el servicio el padre se la pasó codeando a su hijo, burlándose de mí y riéndose con disimulo mientras que yo daba mi testimonio. Al final del servicio el Espíritu de Dios tomó control y condenó a ese hombre. Él se quitó la máscara y pasó al frente, estaba llorando mientras decía: "Soy alcohólico y perdí a mi esposa. Esta noche quiero entregarle mi vida a Dios". Su hijo lo siguió al altar y él también recibió a Jesús como a su Señor y Salvador personal.

Desde que he estado en el ministerio bajo la guía del Espíritu Santo, he visto la bondad de Dios y la gracia de Él sobre Su pueblo. Pero de todos Sus más potentes milagros el más maravilloso y más lleno de gracia ¡es la salvación!

Testimonio de Ricardo A. Pérez
Fui Salvado Por La Gracia
De Dios el 29 de Noviembre del 2000

Fui salvado por la Gracia de Dios el 29 de noviembre del 2000. Mi familia con frecuencia me hablaba de Jesús, pero yo no escuchaba. Luego de ir a una reunión de *Promise Keepers* a la que asistieron 22,000 hombres, fui tocado por Dios, pero dejé de buscar y perdí el gozo que encontré allí en esa junta.

A mi esposa la programaron para hacerle una cirugía y ambos fuimos a parar al hospital. Yo me había quebrado el tobillo en tres partes y también estuve hospitalizado por cinco días. En ese momento Dios me habló acerca de la necesidad que yo tenía de Él. Mas adelante en esa semana fui invitado al *Agape Worship Center* para escuchar las predicaciones del evangelista Gary Wood. Comencé a llorar a medida que entraba a la iglesia. Estaban tocando mi canción favorita. Yo sabía que algo iba a pasar conmigo esa noche.

El Hermano Wood comenzó a predicar acerca del Río de Dios y nos invitó a pasar al altar y a beber. De repente me encontraba frente a él mientras que él me preguntaba: "¿Quieres beber?"

Respondí que: "Sí". Y comencé a llorar y a temblar. Me sentí como si fuera una persona nueva. Yo había sido limpiado de mis pecados y me introducía a un nuevo comienzo. Mis muletas cayeron al piso y a partir de ese momento mi tobillo fue sanado.

Para este momento, ya han pasado nueve meses desde ese entonces y soy un miembro del *Agape Worship Center.* He hecho de ese lugar mi casa y siempre adoraré al Señor. Tengo una relación valiosa con Jesús y traigo a familiares y amigos a la iglesia para que ellos también puedan comenzar una relación con Jesús.

Gracias Hermano Gary Wood por sus palabras de aliento
Ricardo Pérez
Agosto, 2001
Agape Worship Center, Bloomfield, New Jersey

El Siguiente Es El Testimonio Contado Por
Terace Hopkins de Lufkin, Texas

Crecí en la iglesia, mi primer diente me salió mordiendo la parte de atrás de una banca en la iglesia. A Jesús yo lo llamaba Señor y creía que Él había muerto por mis pecados. Fui bautizado por inmersión y con el Espíritu Santo. Fui salvado a una edad temprana. A medida que yo crecía las tentaciones del mundo me alejaron de Jesús. Lo dejé por vivir la vida loca. Vino, mujeres y canciones; para mí ese era mi camino. Jesús nunca nos abandona, pero eso sí, nosotros lo podemos dejar a Él. Nunca vi el tren hasta que fue demasiado tarde. Mi camioneta fue partida en dos y mi cabeza fue aplastada. Mi muerte fue instantánea. Mi espíritu dejó mi cuerpo y yo me encontraba en un túnel que tenía una luz muy brillante que envolvía mi ser con una paz que era tan perfecta. Podía escuchar a los ángeles cantar. Fue hermoso. Yo estaba parado sobre una ladera con vista a una resplandeciente ciudad de oro puro. ¡Era una vista espectacular! Un sentimiento dulce y maravilloso se apoderó de mí. Lo siguiente fue estar en la presencia de Jesús. Su poder y Su gloria eran demasiado fuertes para mí así que caí al suelo como hombre muerto. Él me levantó y me dijo: "Hijo mío, tengo trabajo para ti. Si tú no quieres hacer el trabajo que te tengo, entonces déjame mostrarte hacia donde vas debido a la manera en que has vivido en tu pasado". Allá en el punto más lejano que yo alcanzaba a ver había fosos de fuego. Era tan grande, como un cañón con altas paredes rocosas. Vi a miles de personas en el infierno. Estas personas se estaban quemando constantemente pero no eran consumidas por el fuego. Algunas personas piensan que si van al infierno se van a quemar y que esto es simplemente el fin de su existencia. El alma de usted vive para siempre. Si usted va al infierno, vivirá un eterno tormento y sufrirá para siempre. Algunos intentaban treparse por las paredes. Vi a un hombre que se estaba trepando; por la forma que tenían las paredes me podía dar cuenta que no había forma de escaparse del infierno. Un espíritu demoníaco voló hasta donde estaba el hombre y de un golpe lo regresó al fuego. Otros demonios comenzaron a golpearlo y a darle una paliza con garrotes que tenían largos clavos en las puntas. Gritos llenos de dolor y llantos de lamentos llenaban el aire. Fui invadido por el miedo y comencé a temblar descontroladamente.

Los demonios comenzaron a atormentarme diciéndome: "¡Pudiste haber tenido a Jesús! ¡Pudiste haber tenido el cielo!" Yo sabía que lo que ellos decían era verdad. Yo acababa de estar en el cielo y era tan hermoso. Yo sentí un gozo tan grande allí. En ese momento deseé haberle sido fiel a Jesús para haberme podido quedar en el cielo. Si tan solo me hubiera arrepentido antes de que fuera demasiado tarde. Comencé a llorar amargamente, sin aliento y rogándole a Jesús que me sacara de allí. Yo estaba en espíritu y aun así estaba llorando y aun más, me encontraba en mis cinco sentidos. De hecho mis sentidos se habían sensibilizado mucho más. Nunca había yo estado más conciente de la tristeza, el dolor de la muerte eterna como lo estuve ¡cuando estuve en el infierno! Yo sabía que toda la gente que estaba en el infierno también podía sentir todas estas cosas. Nunca, ni en mis peores pesadillas, había yo soñado con la posibilidad de que el infierno pudiera ser tan horrible. ¡Es un lugar de angustia más allá de lo imaginable! Yo podía escuchar sus gritos penetrantes y sus gemidos. Si usted nunca le pidió a Jesús que entre a su corazón para salvarlo, *¡hágalo hoy!* Si usted ha abandonado a Jesús y ha vuelto a los malos hábitos, arrepiéntase y pídale a Él que lo perdone. Por favor, ¡no lo posponga!

Miré a Jesús y vi una gran tristeza en Su cara; las lágrimas rodaban por sus mejillas. Sentí que mi espíritu era jalado y regresado a mi cuerpo. Mi tía había llamado a un predicador que ella conocía, Gary Wood. Él vino al hospital de inmediato. Más o menos para el momento en que él llegó yo me había vuelto a morir. Recuerdo que mi espíritu salió de mi cuerpo. Yo podía ver a los doctores y a las enfermeras haciendo lo posible por mantenerme vivo. Una enfermera sacudía su cabeza en forma negativa porque no había esperanzas para mi condición. Mi doctor se dirigió hacia mis padres: *"Lo lamento, no hay nada que yo pueda hacer".* Ahí fue que Gary se hizo escuchar.

"Hay algo que yo, sí puedo hacer". Él vestía una camisa Hawaiana de color rosa fuerte, shorts bermudas, chanclas y traía en su cuello una cadena de oro. Mi madre se preguntaba: "¿Quién rayos en este personaje?" Ella pensó: *"Dios no escucha a la gente que usa joyas y shorts".*

Pero mamá estaba en un estado de desaliento y dijo: "Usted entre, ¿qué daño puede hacerle?" Gary pasó, puso sus manos sobre mí y comenzó a orar, ¡invocando el nombre todo poderoso de Jesús! Mi espíritu entro a mi cuerpo una vez más. Desde ahí en más Gary se quedó a mi lado. Me volví a morir tres veces más y allí estaba Gary para orar por mí. Los doctores les dijeron a mis padres que la única razón por la que yo estaba vivo era por la gracia de Dios. ¡Yo le agradezco a Dios por Gary! Si no hubiera sido por su fe en Jesús; ¡Yo sé a donde estaría ahora! *¡Yo no quiero ser parte de ese lugar llamado infierno!*

Quiero asegurarle que las cosas escritas en este libro son verdad. El Cielo es un lugar real de belleza y gozo eterno. Puede ser su casa si es que usted ha aceptado a Jesús como su Salvador. También tengo que advertirle, que de igual manera, hay un infierno que es real. Es un lugar de condena y maldición eterna. Si usted nunca le ha pedido a Jesús que lo salve, o si usted es el tipo de persona que regresa a lo mismo, por favor tómese el tiempo ahora de arrodillarse y pedirle a Jesús que perdone sus pecados. No es por "casualidad" que usted está leyendo este libro.

"Así que, Jesús prometió regresar ¿no es cierto? Entonces, ¿A dónde está Él? ¡Él nunca regresará! ¿Por qué? "Porque desde el día en que los padres durmieron, todas las cosas permanecen así como desde el principio de la creación". (2da de Pedro 3:4) ¿Alguna vez ha oído usted a alguien decir esto? Casi literalmente, quizá hasta usted se llegó a burlar de esta manera de la segunda venida de Jesús.

"Sabiendo primero esto, que en los postreros días vendrán burladores, andando según sus propias concupiscencias". (2da de Pedro 3:3). Así, que aun aquellos que se burlan están haciendo que las profecías de los últimos días se cumplan. Él mismo prometió una y otra vez que Él regresará. La segunda venida es mencionada 318 veces en el Nuevo Testamento. En el Viejo Testamento hay como veinte profecías más acerca de la segunda venida de lo que hay de la primera venida.

Antes de dejar el cielo, vi la trompeta de oro más hermosa. Estaba sobre un stand de oro que brillaba por los diamantes y jades que tenía. Un día no muy lejano, Dios va a llamar a Jesús ante Él y le va a decir: "Hijo, es hora de llamar a mis hijos para que vengan a su hogar", y el arcángel tocará la trompeta de oro con un sonido potente y en un abrir y cerrar de ojos, todos nosotros que amamos a Jesús y esperamos ansiosos Su regreso seremos arrebatados para reunirnos con Él en las nubes. Yo creo que este arrebato (el Rapto) ocurrirá pronto. De hecho, estoy tan seguro de esto que ¡me sorprendería si me llegara a morir otra vez antes de que esto ocurra! Debo de advertirle que si usted no prepara su corazón en santidad y deja que la sangre de Jesús lo limpie de toda iniquidad, usted será dejado atrás para enfrentar la terrible furia de la

Tribulación. La Tribulación comenzará inmediatamente después del Rapto. Será un tiempo de terror, miedo y desesperanza de la magnitud que el mundo nunca vio. Usted puede leer acerca de los eventos futuros en Apocalipsis 6:1-19; 21.

Muchas personas se están engañando así mismas pensando que están listas. Ellos han basado su salvación en un encuentro con Dios que los hace sentirse bien. Ellos tuvieron una experiencia con Dios hace años atrás. Debido a que ellos lo llaman Señor, ellos creen que ellos pueden vivir de la manera que les plazca sin tener que, alguna vez, dar cuenta de lo que han hecho. Ellos también pueden sonar lo religioso suficiente; algunos hasta parecerían cumplir con los papeles del ministerio.

"No todo el que me dice: Señor, Señor, entrará en el reino de los cielos, sino el que hace la voluntad de mi Padre que está en los cielos. Muchos me dirán en aquel día: Señor, Señor, ¿no profetizamos en tu nombre, y en tu nombre echamos fuera demonios, y en tu nombre hicimos muchos milagros? Y entonces les declararé: Nunca os conocí; apartaos de mí, hacedores de maldad". (Mateo 7: 21-23)

Definitivamente no, una noche con el Señor romántica y fugaz no lo va a mantener repleto del suministro sobrenatural del Espíritu Santo. Es una verdadera relación de amor, un caminar a diario con Jesús que lo prepara para la hora importante. Estos son los días de la búsqueda de los corazones genuinos; debemos de darle a Él nuestras mentes y corazones completamente. *¿Está usted lleno del Espíritu Santo?* No. Usted lo estaba. ¿Está usted lleno ahora? Yo conozco a muchísimas personas que están llenas de algo, ¡y de seguro no están llenas de nuestro Dios! Dios está derramando Su espíritu sobre sus hijos e hijas. A muchos en el pueblo de Dios se les ha dado sueños y visiones respecto a la pronta venida del Señor Jesucristo. Estos se deben de tomar seriamente porque son mensajes de Dios.

A un amigo mío le fue dado este sueño:

Ante mis ojos había un enorme árbol, como si fuera un Roble. Las hojas de este árbol brillaban y destellaban con la luz del sol mientras que susurraban con la brisa. Comenzó a salirle frutas. Al principio aparecieron una o dos frutas que se veían como duraznos. Luego, había muchas, hasta que las ramas estaban completamente cubiertas y yo no podía ver ni una sola hoja. Entonces apareció una mano y comenzó a elegir la fruta. Cuando la mano tomaba la fruta, cada una de ellas era deslizada por entre las palmas de las manos, siendo inspeccionada para determinar su calidad. Muy parecido a lo que hacemos en el mercado, cuando no queremos aceptar alguna fruta que no está lo suficientemente buena. Si la fruta estaba buena y sin manchas entonces era puesta en una canasta. Vi frutas que parecían perfectas si uno miraba solamente uno de sus lados, pero si la mano volteaba la fruta para ver su otro lado, ésta estaba podrida hasta el centro. Esa fruta era desechada y arrojada a un costado. El Señor me despertó de mi sueño diciéndome: "Se acerca el tiempo de mi gran cosecha. Yo seleccionaré mi fruta a mano. Solamente aquellas que no tengan manchas serán almacenadas".

Esto suena serio. Quizá usted diga: "¿Entonces quien podrá ir?" Nadie es perfecto. La perfección ante los ojos de Dios viene de una sola dirección y solamente de esa dirección y consiste en permitirle a Dios que a través del Espíritu Santo usted sea corregido y perfeccionado. "A fin de presentársela a sí mismo, una iglesia gloriosa, que no tuviese mancha ni arruga ni cosa semejante, sino que fuese santa y sin mancha". (Efesios 5:27).

Mas, oh amados, no ignoréis esto: que para con el Señor un día es como mil años, y mil años como un día. El Señor no retarda su promesa, según algunos la tienen por tardanza, sino que es paciente para con nosotros, no queriendo que ninguno perezca, sino que todos procedan al arrepentimiento. (2ª de Pedro 3:8-9)

Mientras que me encontraba ante la maravillosa presencia de Jesús, mi hermana todavía estaba en el carro con mi cuerpo caído verticalmente sobre el volante. Las ambulancias habían comenzado a llegar. Dictaminaron que yo había muerto en la escena del accidente. El oxígeno había dejado de llegar a mi cerebro. Los doctores dijeron que si el cerebro no recibe oxígeno por un período de tres o cinco minutos, las posibilidades de que una persona, que sobrevive a esto, termine con muerte cerebral o como un vegetal, eran muy altas. Yo estuve muerto por aproximadamente veinte minutos.

Mi hermana comenzó a orar y a gritar con todas sus fuerzas: "Oh Jesús, Jesús. Él es mi hermano. Por favor, Jesús". Ese nombre es lo más poderoso que hay. Ese es el nombre ante el cual el cáncer, la diabetes y aun la muerte se postran. Ese nombre está por sobre toda enfermedad discapacitante y poder demoniaco sobre la faz de la tierra, el nombre de *Jesús*. Los ángeles están atentos, listos para ser despachados cuando un creyente ora con fe, usando el nombre de Jesús. *"Y en ningún otro hay salvación; porque no hay otro nombre bajo el cielo, dado a los hombres, en que podamos ser salvos"*. (Hechos 4:12). John me miró y me dijo las palabras que todavía escucho el día de hoy: "Tienes que regresar; ella está utilizando ese nombre". Yo no quería regresar. Yo quería quedarme con Jesús. Jesús me dijo: "Tú debes de decirle a la gente del mundo que *se prepare*, ¡que yo regreso pronto!"

Toda la eternidad fue revertida. Fui disparado del cielo y regresado a mi cuerpo. Los paramédicos notaron que tenía signos vitales y me llevaron de urgencia a San Juan County Hospital. Debido al golpe que me dí contra el volante, mi quijada estaba quebrada en tres partes y la mayoría de mis dientes de adelante fueron reducidos a polvo y a pequeños pedacitos. Los demás tuvieron que ser extraídos. Uno debe de tomar las cosas con buen sentido del humor cuando se pasa por las cosas que yo pasé. Yo digo que mis dientes son como estrellas, ¡salen de noche! La palanca de las direccionales se había quebrado y el borde dentado, filoso como una hoja de afeitar, me cortó la cara en forma de zigzag, lo cual hizo que se viera como carne de hamburguesa y el peor daño fue cuando me rebanó las cuerdas vocales, El impacto contra el mecanismo de la dirección me aplastó la laringe, causando que mi muerte fuera por sofocación.

Al siguiente día, la Nochebuena de 1966, me desperté en una cama de hospital con mi cabeza envuelta como una momia. Mis doctores y mi abuelo estaban ahí parados mirándome. Pude darme cuenta que él había estado llorando. Él me contó que Sue y yo nos había metido debajo de la parte trasera de un camión que había estado parado en violación a las reglas de tránsito en el acotamiento de la carretera. Inmediatamente pensé en Sue y yo me preguntaba si es que ella se encontraba bien. Yo sabía que ella no había muerto; por lo menos no al mismo tiempo que yo. "Sue va a estar bien", me dijo mi abuelo como si me hubiera leído el pensamiento. Vi el pesar en sus ojos y por su voz pude percibir un profundo dolor cuando me dijo: "Hijo, nunca más podrás hablar de manera que la gente te entienda, ni siquiera podrás pensar en cantar". *¿No podré cantar?* ¡Yo estaba en la universidad con una beca de música! ¡Cantar era mi vida! Por los siguientes nueve meses este evento surgía amenazadoramente como una sombra mortal sobre mi vida. *¿Cómo le podría yo decir a todo el mundo* *que yo sabía que Dios no me había enviado de vuelta para esto?* Jesús me había enviado de regreso a contarle a la gente acerca del cielo y que la única manera de llegar allí es a través de Él. No hace falta decir que ¡yo me sentía muy frustrado!

Durante ese tiempo en que me hicieron mis cirugías reconstructivas de la cara, las cuales parecían ser interminables, tuve mucho tiempo para pensar y orar. Le agradecí a Dios por darle a los doctores la habilidad para volver a reconstruirme tan bien como lo hicieron. Me reconstruyeron desde mi nariz hacia abajo. Yo sentía desesperación por hablar. Yo tenía que hacer que Jesús fuera real para las personas del mundo. En mi desesperada necesidad, comencé a leer la Biblia. *¡Yo necesitaba un milagro!*

Un día, mientras me estaba recuperando de una cirugía, escuché una canción en la radio que decía: *"¡Me tocó y salvo yo soy!* Yo nunca antes había escuchado esa canción. En silencio oré: *"Dios lo que dice esa canción que Tú puedes hacer. Tú puedes tocarme, Tú puedes sanarme y Tú me puedes salvar, como en el cielo. Dedicaré el resto de mi vida a contarle a todo el mundo acerca de ti".* De repente, Jesús se apareció en mi cuarto así como lo había visto en el cielo. Mi corazón comenzó a palpitar rápidamente. Me sobrecogió la belleza de su presencia.

¡Jesús había venido personalmente a hacer un milagro para mí! Él puso su mano cariñosa sobre mi garganta y sentí

el calor recorriendo mi cuerpo, especialmente en el área de mis cuerdas vocales. Me sonrió y desapareció. Él no entró por la puerta ni se salió por ella. *¡Él es la puerta!*

La enfermera entró y dijo: "Buenos días Sr. Wood. ¿Cómo se siente esta mañana?" ¿Por qué debería esta mañana ser diferente? Cuando Jesús entra a tu vida ¡algo es diferente! ¡Uno ya no sigue siendo el mismo!

Yo le respondí: "Buenos días".

Con una mirada de asombro, ella me dijo: "¡Usted no puede hablar!"

Con voz muy fuerte y resonante, yo dije: "*¡Alabado sea Dios, he sido sanado!*" Bueno casi la mato con el susto. Se le cayó la bandeja con mi desayuno y salió corriendo a traer a los doctores. Me salí de la cama y con lágrimas de gozo que me recorrían la cara comencé a correr por todo el cuarto repitiendo una y otra vez: "*¡Alabado sea Dios! ¡Alabado sea Dios! ¡Alabado sea Dios!*"

Pasaron unos momentos y yo estaba rodeado de doctores que me decían: "Abra su boca y diga: "Aaaaaaaaaa". Me metían cosas y me tocaban y seguían sacudiendo sus cabezas diciendo:

"Usted no lo puede hacer. No es posible que usted hable. Usted no tiene cuerdas vocales. Eso es médicamente imposible". Bueno amigo, *¡Nada es imposible para Dios!* Me dieron una segunda opinión y el Doctor Jesús dijo que *Yo sí podía,* ¡y lo he estado haciendo desde entonces!

Corrí por el pasillo y arrinconé a una señora pequeñita en el elevador y le dije: "¿Quiere escucharme cantar?" Imagínese la escena, yo estaba saltando, corriendo y bailando por todos los pasillos vistiendo una de estas ¡*"discretas"* batas de hospital! Yo le preguntaba a la gente si querían escucharme cantar. ¡La mayoría de ellos deben de haber pensado que me escapé de un hospital psiquiátrico! ¡A mí para nada me importaba eso! ¡Mi Dios me había tocado! Y sé que estoy sano así que ¡puedo cantar, gritar y proclamar desde las cimas de las montañas que Él es el Señor!

Luego de mi completa recuperación y que me dieron de alta del hospital, yo tenía que evaluar mi vida. Dios me había dicho que yo tenía un propósito aquí y que Él había realizado un milagro creativo en mi vida que me permitiría testificar ante el mundo acerca de su maravillosa Palabra. Me di cuenta que no podía hacer esto solamente a través del canto. Yo tenía que predicar, así que Me inscribí en la escuela para seminaristas y me convertí en un pastor Bautista.

Ya han pasado diez años desde que me morí, fui al cielo, regresé a la tierra y fui sanado. Tenía una buena vida. Tenía una hermosa esposa y dos hijos grandiosos. Yo era uno de los pastores más jóvenes con una de las iglesias más grandes del estado. Debería de haberme sentido satisfecho, completo. Pero yo sentía un hambre, una inquietud en mi alma que me hacia desear más. No era un asunto de poder, solamente una sed que no había sido saciada. Los domingos de mañana yo predicaba y comenzaba a llorar. Yo caminaba alrededor del púlpito llorando y diciendo: "No sé qué es lo que Dios quiere que yo haga, todo lo que yo sé es que no estamos cumpliendo con todo lo que dice la Biblia". Yo leía Juan 14:15-16, adonde Jesús dice: "Si me amáis, guardad mis mandamientos. Y yo rogaré al Padre, y os dará otro Consolador, para que esté con vosotros para siempre".

Yo no sentía ningún consuelo. No estaba seguro de qué era lo que se suponía que yo debía de hacer; solamente sabía que yo no estaba logrando todo lo que Dios me había prometido. Yo le decía a mi congregación: "No sé que piensan ustedes, pero yo quiero todo lo que el Señor me ha prometido". Simplemente yo dejaba de predicar; me ponía de rodillas y comenzaba a orar y llorar. La gente se ponía de pie y era salva. Se convirtió en algo muy vergonzoso. ¡La gente comenzó a venir a la iglesia solo para verme llorar! Esto siguió así por meses, yo no tenía idea de qué era lo que me estaba pasando. Una noche recibí una llamada telefónica de un joven que me dijo que él iba a matar a su esposa porque ella estaba teniendo una aventura amorosa. El hombre estaba desesperado, bajo el efecto de las drogas y del alcohol. Me dirigí a su casa y lo encontré sentado en su auto. Me senté con él y le dije: "Tú no vas a hacer eso". Esto lo enfureció y lo siguiente que sé es que él sacó una pistola de su saco, la apuntó hacia mí y ¡¡jaló el gatillo! Escuché el sonido ensordecedor del disparo y pensé que estaba muerto otra vez. Esperé a que viniera esa nube, que tenía la forma de un embudo serpenteante, para que me llevara y luego me di cuenta de que ¡todavía estaba vivo! Contra todas las adversidades el Señor me protegió y yo no fui lastimado. Ya sé que suena inverosímil porque la pistola estaba apuntándome a quema ropas. No estoy diciendo que yo soy Superman; yo no ando volando por ahí vistiendo pantalones ajustados y leotardos con una remolinante capa roja. Pero, lo que estoy diciendo es que soy un hombre de Dios con un mensaje que transmitir a este mundo. *"El que habita al abrigo del Altísimo Morará bajo la sombra del Omnipotente".* (Salmos 91:1) Porque el Señor dice: *"Por cuanto en mí ha puesto su amor, yo también lo libraré; Le pondré en alto, por cuanto ha conocido mi nombre. Me invocará, y yo le responderé; Con él estaré yo en la angustia; Lo libraré y le glorificaré".* (Salmos 91:14-15).

Entonces, ¿qué fue lo que hice? Le quité la pistola. Yo no soy de la creencia de darle a Satanás una segunda oportunidad. De inmediato el hombre entro en razón y luego de hablar con él, lo pude guiar a Cristo. Él y su esposa arreglaron las cosas y hoy él es un predicador lleno del espíritu. *¡Alabado sea Dios!*

Esa noche llegué tarde a casa y usted no se imagina como me sentía. Me senté en mi sillón reclinable y me quedé viendo la pistola a medida que me desahogaba de esa experiencia en mi mente. Ahí fue cuando Deena, mi esposa, entró y vio a su esposo, quien había estado llorando por meses, que ahora traía un revolver en sus manos. Ella llamó a los diáconos de la iglesia y les dijo que yo estaba enloqueciendo. Lo que ellos pensaron fue que yo necesitaba vacaciones. Así me enviaron a las montañas de Nuevo México adonde leí el Antiguo Testamento tres veces, una y otra vez. Allí fue que vi que todo lo que me habían enseñado no era verdad. Yo había permitido que mis enseñanzas religiosas influenciaran mis pensamientos poniendo una nube sobre la palabra de Dios. Cuando uno se criado en la fe Bautista, va al Seminario Bautista y predica como Bautista, uno solamente sabe lo que ellos te enseñan. Los Bautistas creen que cuando uno es salvo es ahí que uno recibe el Espíritu Santo. Lo que la gente piensa no hace a la diferencia, no importa lo que te enseñan en la iglesia: lo que importa es lo que la Palabra de Dios dice. Dios no tiene nada que ver con nada más.

Fui a Dallas, Texas, a la Primera Conferencia Carismática Anual que se lleva a cabo en el Bronco Bowl. El Doctor Howard Connatser era el pastor de la Iglesia Bautista Beverly Hills. Él escuchó mi testimonio y me pidió que lo compartiera con un grupo de cómo 5,000 personas. Casi como para el final del servicio una señora de paró y comenzó a agitar sus brazos diciendo: "¡Yo lo conozco! ¡Yo lo conozco! ¡Yo era la enfermera de guardia la noche de ese accidente! ¡Yo sé que lo que él está diciendo es verdad!" Esto hizo que algo se me revolviera por dentro. Ese apetito había regresado. Regresé a mi cuarto de hotel, me arrodillé y comencé a orar. Dije: "Señor Jesús, quiero que todo el poder que esté disponible en el cielo para mí me sea enviado a la tierra, ¡con la excepción de hablar en lenguas!" Como ven amigos, yo era un predicador Bautista Sureño y un predicador Bautista Sureño no cree en el hablar en lenguas. Ellos también creen que si uno lo hace, es un adorador demoníaco que anda por ahí correteando, gritando y saltando por las bancas de la iglesia mientras a uno le sale espuma por la boca. Yo le dije esto a Dios y luego comencé a explicarle a Él nuestra doctrina y lineamientos. ¿Alguna vez ha intentado usted decirle a Dios, el creador de todo, el conocedor de todas las cosas, cuales son los lineamientos y doctrinas que usted tiene? ¿Cree usted que a Él le importa? A Dios no lo impresiona el hecho de que usted sea Bautista Sureño, Metodista, de La Iglesia de Jesucristo, Luterano, Católico o lo que sea. De la manera en que Dios lo ve a usted es, como una persona que fue salvada por Su gracia o no. Le cedí el paso al Espíritu Santo, permitiéndole que me bautizara y ya no tuve más hambre. "Porque Juan ciertamente bautizó con agua, mas vosotros seréis bautizados con el Espíritu Santo dentro de no muchos días". (Hechos 1:5)

Cuando le rendí mi vida al Espíritu Santo, fue bendecido con el don de leguas. Me cambió la vida y ahora me he dado cuenta que es el don más preciado que he recibido del Señor, aparte de la salvación. Hay gente que me ha preguntado si es que se necesita hablar en lenguas antes de ir al Cielo. Yo les he dicho que en ningún lugar de la Biblia dice eso. Después de todo, yo estuve en el Cielo antes de recibir este don. Para recibir el bautismo del Espíritu Santo, todo lo que usted tiene que hacer es, por fe, pedirle al Señor que lo bautice con el Espíritu Santo y Él lo hará. Él es un caballero perfecto y no lo forzará a usted a nada.

Una amiga mía me dijo que una mañana mientras miraba al Hermano Benny Hinn en la TV fue llenada del Espíritu Santo. Ella vive rodeada de bosques al Este de Texas y no hay servicio de cable de televisión allí. Esta era la primera vez que ella lo había visto en la TV, y no lo ha visto en su televisor desde ese entonces, pero este era el día para que ella fuera bautizada. Ella se estaba preparando para ir a trabajar, viendocomo la gente era llena del Espíritu Santo y sanada, cuando Benny Hinn apuntó a la cámara de la TV y dijo: "Ustedes que están en su casa, el Espíritu Santo quiere llenarlos a ustedes también". Ella respondió levantando sus manos al Señor. Mientras que se sentaba en el suelo en frente de la TV, ella dice que sintió, aunque en cámara lenta, que se cayó hacia atrás hasta el piso. Luego su cuerpo regresó a la posición de sentada, el idioma más hermoso comenzó a fluir por entre sus labios. Su lugar de trabajo estaba a una hora de camino de donde ella se encontraba y el lenguaje continuó fluyendo toda esa hora. Ella dijo que tenía miedo de parar, temiendo que ella ya no lo podría volver a hacer jamás. Su lengua estaba adormecida y su boca seca, pero esta fue una experiencia ciertamente maravillosa, ella no quería que llegara a su fin. Ella sabía que una vez que llegara a su trabajo tendría que regresar al mundo secular y dejar el mundo espiritual por un rato. Las primeras palabras que salieron de su boca fueron en inglés: "Oh Padre, Dios, ¿Qué tipo de idioma es este?" El Señor le habló a ella mientras que caminaba por el estacionamiento y le dijo: "Es el idioma de los Ángeles".

Otra señora que conozco era devota de la creencia de que hablar en lenguas era algo del demonio. Ella tenía una hermana que hablaba en lenguas y debido a eso continuamente le hacia la vida imposible. La hermana que estaba llena del espíritu sugirió que ellas le preguntaran al Señor quien tenía la razón. Se arrodillaron y miraron al cielo, mi amiga dijo: "Nuestro Padre que estás en los cielos, respecto a este asunto de hablar en lenguas, ¿yo estoy en lo correcto, verdad?" Antes de que ella pudiera decir alguna otra palabra, ella comenzó a rebosar con ese hermoso lenguaje celestial. El bautismo del Espíritu Santo está disponible para cualquier persona que haya vuelto a nacer. Estoy tan agradecido de que el poder de Dios esté disponible para nosotros.

Realmente nunca llegué a conocer a mis padres biológicos hasta después de que me casé y tuve a mis dos hijos. Los veía de vez en cuando, pero la mayor parte del tiempo ellos eran como extraños para mí. Un día mi padre me habló, era el día antes de navidad, para decirme que el iba a volar para venir a ver a sus nietos. Los recuerdos de mi niñez invadieron mi mente. Recordé que hubo un año en el que él me llamó para preguntarme qué era lo que yo quería para navidad. Le dije que quería un sombrero de vaqueros, botas y una pistola de fulminantes Roy Rogers con empuñadura aperlada, con todo y su funda para sacarla rápidamente. Navidad llegó y me la pasé sin ni siquiera una llamada. Siempre pasaba este tipo de cosas. No escuchaba de él hasta navidad y luego lo único que conseguía eran promesas vacías. Yo tenía miedo de que esto ocurriera otra vez, pero le dije que viniera, sin esperar que él se apareciera. Esta vez fue diferente. Cuando abrí la puerta me lo encontré vestido de Papá Noel con una bolsa llena de regalos, me tomó por sorpresa, por no decir otra cosa peor. Él estaba tratando de enmendar las cosas por todas las navidades que se había perdido. Antes de él dejarnos para regresar a su casa, me dijo que me había escuchado predicar en un casete y que le había pedido a Jesús que lo salvara. No pasó mucho tiempo de eso que recibí una llamada telefónica por la cual me enteré que él había muerto de cáncer de pulmón. Su doctor me dijo que él se pudo haber muerto en su viaje en el avión que mientras que él estaba en el hospital tocaba mi casete una y otra vez y le decía a las enfermeras, doctores o a cualquiera que escuchara que necesitaban volver a nacer. Él decía: "Mi hijo le pude decir cómo saber si cuando se muera irá al cielo". Solamente Dios puede cambiarle el corazón a una persona, convirtiéndola en una nueva criatura.

El día del funeral de mi hermano, me sentía atemorizado por lo que iba a decir. Me sentí aun más atemorizado cuando llegué a la casa fúnebre. Alrededor del coche fúnebre habían como veinte miembros de la pandilla en motocicleta de los "Ángeles del Infierno"(*Hell's Angels*), todos equipados con sus vestimentas de piel, montados en sus motocicletas Harley Davidson. Uno de ellos tenía un vendaje en su cabeza debido a una bala que le había pasado rozando durante el decomiso de drogas en el cual había muerto mi hermano. Él estaba fuera de la cárcel con una fianza. Les hice señas para que entraran y ninguno se movió. Los miré y les dije: "En vida él era el amigo de ustedes, ahora entren y hónrenlo en su muerte". Dudosos comenzaron a entrar en fila.

Yo caminé por el pasillo y en la primera fila se encontraba sentada mi madre con su pierna enyesada resultado de la golpiza que David le había propinado. A medida que yo caminaba hacia el ataúd, para mis adentros, le pedí al Espíritu Santo que me diera las palabras correctas. Al caminar hacia el púlpito, Él le habló a mi corazón diciendo: "Diles que hay caminos que al hombre le parecen derechos, pero al final son caminos de muerte". El Espíritu Santo puso en mi corazón uno de los versículos que se encuentra el libro de Jueces que dice: "En estos días no había rey en Israel; cada uno hacía lo que bien le parecía". (Jueces 21:25). Yo les dije que David había vivido esa filosofía, y había muerto por esa filosofía, y con voz profunda y fuerte dije: "*¡Y él está en el infierno!*"

El silencio era total. El director del funeral se puso de pie y se retiró. Algunos de los miembros de la pandilla comenzaron a murmurar y se movían de un lado para el otro como desafiándome. Yo salté del púlpito para aceptar el desafío. Los miré y les dije: "No hay nada que yo pueda hacer por David. Yo le hablé de Jesús, y él eligió". Yo les dije que David iba a pasar por un juicio llamado El Juicio del Gran Trono Blanco, y que un día el alma de David se elevaría del lugar de tormento para unirse a su cuerpo. Él, juntamente con todos los que rechazaron a Cristo en esta vida, estarán parados ante el trono en este juicio. Los libros se abrirán, y ellos serán juzgados por los actos cometidos cuando estaban en este cuerpo".

> Y vi a los muertos, grandes y pequeños, de pie ante Dios; y los libros fueron abiertos, y otro libro fue abierto, el cual es el libro de la vida; y fueron juzgados los muertos por las cosas que estaban escritas en los libros, según sus obras. Y el mar entregó los muertos que había en él; y la muerte y el Hades entregaron los muertos que había en ellos; y fueron juzgados cada uno según sus obras. Y la muerte y el Hades fueron lanzados al lago de fuego. Esta es la muerte segunda. Y el que no se halló inscrito en el libro de la vida fue lanzado al lago de fuego. Apocalipsis 20:12-15 (VRV-1960)

Lo que usted acaba de leer es la verdad más soberana que se encuentra escrita en algún de lugar de la Biblia. El Juicio del Gran Trono Blanco es un evento tan increíble que toda la creación tiembla ante su presencia. Aun los incrédulos estarán allí, tanto grandes como pequeños, no importa cual haya sido su condición en esta vida. Todos los que hayan muerto sin Jesucristo tendrán que hacerle frente a este encuentro final. ¿No es irónico que a lo que más le temen los perdidos es a la muerte? ¡Y así debería de ser! Ellos también tendrán que enfrentarse a la segunda muerte. ¡Dios siempre es justo! Y el Juicio del Gran Trono Blanco es para que Dios haga su "revisión por segunda vez", antes de que ellos sean arrojados al lago de fuego.

Y luego les dije: "Yo conozco a David. Él es un estafador, y él intentará estafar a Dios". Él le dirá: "Oye Dios, yo no soy un tipo malo, una vez di algo de mi dinero a la iglesia de mi hermano". Él le dará todo tipo de excusas para tratar de justificar todas las cosas que él ha hecho. Y con sus ojos llenos de tristeza Jesús dirá: "David pude haber sido tu intercesor, tu abogado, tu mediador, pero ahora soy tu juez. Tú marcaste tu propio destino cuando rechazaste mi regalo de la salvación. ¡Estás sentenciado al infierno, por toda la eternidad!" Me quedé allí parado por un minuto en silencio y luego dirigí mi mirada a cada una de las personas que estaban allí y dije: "Para ustedes, no es demasiado tarde".

Uno de los miembros de la pandilla cayó de rodillas y comenzó a llorar, rogándole a Jesús que lo perdonara. Luego siguió otro y luego otro. Pasé por toda la fila orando por cada uno de ellos para que le entregaran su corazón a Jesús. El servicio funeral se convirtió en un día de salvación. En un momento levanté la mirada, y mi madre me miró. Me dirigí a ella y le dije: "Mamá, es la vida o la muerte. Tienes a un hijo que ha ido al cielo y regresó. Tuviste otro hijo, tú sabes que estilo de vida tenía, y ahora él está muerto. Es el cielo o el infierno, tú tienes que elegir". Mi madre respondió: "Hijo, yo quiero ir al cielo contigo. Por favor, cuéntame de Jesús". Justamente ahí a un costado del ataúd de mi hermano, guié a mi madre a los pies de Jesús. Mi madre murió poco tiempo después del funeral de David. Ella ha ido a casa a estar con el Señor Jesús a ese bellísimo lugar llamado Cielo.

"De cierto, de cierto os digo: El que oye mi palabra, y cree al que me envió, tiene vida eterna; y no vendrá a condenación, mas ha pasado de muerte a vida". (Juan 5:24).

Si usted no es salvo, o si usted ha dejado al Señor, yo le ruego que usted acepte a Jesucristo como su salvador personal. Usted debe de tomar la decisión hoy para hacer que el cielo sea el lugar en donde usted pasará el resto de la eternidad. Recuerde que nosotros no tenemos la certeza de un mañana. Es ahora que Dios quiere salvarlo. Él nunca rechazará a nadie.

"Porque todo aquel que invocare el nombre del Señor, será salvo". (Romanos 10:13).

Ahora haga esta oración:

Querido Dios,

Quiero volver a nacer como cristiano. Vengo ante ti en el nombre de Jesús, tu hijo. Confieso que soy un pecador. Yo creo que enviaste tu hijo a morir en la cruz por mis pecados. Mi boca confiesa que Jesucristo es el Señor. Gracias por permitirme volver a nacer como cristiano.

Oro, en el nombre de Jesús,

¡Amén!

✝

Un cristiano genuino que ha vuelto a nacer quiere, sobre todas las cosas, hacer la voluntad de Dios. No tenga vergüenza de dar su testimonio ante otras personas y decirles como ellos puedes convertirse en cristianos. Únase a una iglesia que crea en la biblia y en el bautismo por inmersión como un acto de fe para dejarle saber al mundo que usted está siguiendo el ejemplo que Cristo nos dejó.

Si a usted le gustaría recibir al Espíritu Santo, pídale al Padre en el nombre de Jesús que lo llene del Espíritu Santo. Crea en que usted recibe cuando pide, y comience a hablar su nuevo idioma de fe cuando Dios se lo dé.

Repita esta oración:

Padre,

Con fe vengo ante ti, con la creencia que Jesucristo murió en mi lugar, por mis pecados, y que se levantó de entre los muertos. Te pido que me llenes del Espíritu Santo hasta desbordarme de él. Tú me dices en tu palabra que si pido recibiré, así que ahora te pido que me llenes de tu precioso Espíritu Santo hasta rebosar de Él. Lo recibo con fe y espero hablar en otras lenguas a medida que Él me dé las palabras.,

En el nombre de Jesús,

¡Amén!

✝

Ahora quiero pedir que usted sea sanado. Ponga su mano sobre esa parte de su cuerpo que usted cree que está enferma y repita esta oración conmigo: Señor Jesús tú eres el Gran Médico. Toda sanación viene de ti. Somos sanados por las heridas que recibiste en la cruz. Proclamo tus palabras sobre este cuerpo y te agradezco por curar todas nuestras enfermedades. Gracias por la sanación y por permitirme caminar con salud.

En el nombre de Jesús,

¡Amén!

$$+$$

Carta de Autenticidad:

Llevo casi dos décadas de conocer a Gary, Deena y Angel Wood. Yo conocí a Gary a través de un pastor amigo que teníamos en común quien me invitó a venir a escuchar su testimonio de cuando él murió y fue al cielo.

En toda mi vida, yo había escuchado toda clase de historias que puedan ser contadas. Me senté para enterarme de todo lo que pudiera acerca de Gary y así poder probar que él era un farsante.

En las dos semanas siguientes de haber conocido a Gary, yo comencé una búsqueda intensiva de los antecedentes de este hombre. Fueron varios los factores que me llevaron a mi respuesta final.

1. Las autoridades en Nuevo México verificaron el accidente y las fatalidades del mismo. Gary Lynn Wood fue pronunciado muerto en la escena del accidente. El oficial me dijo que parecía que ellos iban a tener que contratar a alguien nada más para contestar las llamadas telefónicas de personas que preguntaban por el Sr. Wood. También se me dijo que el gobierno de los Estados Unidos había investigado al Sr. Wood para ver si es que él era un farsante.

2. Un empleado del hospital en Farmington, Nuevo México dijo que Gary no tuvo signos vitales por sesenta y un minutos.

3.	Mientras que hacía llamadas para encontrar lo que pudiera acerca del accidente de Gary, él se encontraba en Jackson, MO, adonde él desarrolló un problema de garganta. La Sra. Jean Seabough, una enfermera jubilada, y yo tratamos que él recibiera atención médica lo más pronto posible. Gary sí vio a un doctor en Rockford, IL. Tres días después pude ver la radiografía que se tomó en esa consulta con el doctor, lo cual me dejó saber que era médicamente imposible que un hombre hablara, cantara, caminara o aun más tomara agua. Es la misma radiografía que él trae consigo.

4.	Me han enviado personas que no pudieron ser ayudadas con medicamentos. Todos mis pacientes pasan por una inmensa cantidad de exámenes y entrevistas. Invité a Gary a que viniera a Arkansas a conversar conmigo acerca de lo que él vio y por lo que él pasó desde antes del accidente hasta que él y Deena se casaron. Esto solo trajo a mí más pruebas de que todo lo que él decía era verdad.

Desde que el testimonio de Gary se hizo público han habido muchas personas que dicen haber tenido visiones y experiencias fuera de sus cuerpos, aun muertes que fueron similares, pero sin prueba alguna de muerte. Gary sí tiene esa prueba.

A través de todas mis investigaciones, preguntas que les he hecho a todas las personas a las que he podido entrevistar, y al haber hablado cara a cara con Gary, teniendo toda la evidencia que mi personal y yo hemos encontrado, he llegado a la conclusión que de mi conocimiento en la actualidad hay solamente un hombre vivo que tiene pruebas contundentes de que él realmente murió y fue al cielo y regresó para contarlo todo.

El Dr. Gary L. Wood es sin duda alguna un verdadero regalo del Señor para esta generación. Él fue enviado de regreso a nosotros para traernos un mensaje especial.

Es un honor para mí decir que el Dr. Gary Wood es un amigo íntimo y un honorable hermano en el Señor.

Sinceramente en Cristo,
Dr. Paul F. House,
Doctor en Filosofía, D.D., Doctor en Medicina.

Para contactar al Evangelista Gary Wood

acerca del ministerio o para programar una visita

a su iglesia por favor escriba o llame a:

Gary Wood Ministry
P.O. Box 1649
Sugar Land, TX 77487
Teléfono: (281) 491-4836
Correo electrónico: garywoodmi@aol.com
Sitio Web: www.garywoodministries.com

Otros libros de Gary Wood Ministries

Miracle: How to Get Your Miracle

Angel: A walking miracle. La historia de la increíble sanación

De Angel Wood del retraso mental

Religion, Rebellion, Relationship: La historia de David Wood

y cómo él volvió a nacer

Ordénelos de:

Gary Wood Ministry
3506Highway 6 South #300
Sugar Land, Texas 77478
Correo electrónico: garywoodmi@aol.com
www.garywoodministries.com

Notes

Notes

Notes

Notes

www.ingramcontent.com/pod-product-compliance
Lightning Source LLC
Chambersburg PA
CBHW062017040426
42447CB00010B/2028